大展好書　好書大展
品嘗好書　冠群可期

大展好書　好書大展

品嘗好書　冠群可期

形意大成拳系列 4

李漢章
拳術與盤身練法

李拓原　著
邵義勝　整理

大展出版社有限公司

李漢章先生像

李思志先生像

李思和先生像

李拓原先生像

李氏家族和孫劍雲先生合影

「一代宗師」李漢章誕辰110周年弟子及傳人合影

7

作者與孫劍雲師母合影　　作者和山西
　　　　　　　　　　　宋光華先生合影

作者與師兄弟合影

作者與邵義勝師弟（前左）長孫（後）合影

作者與武警戰士（學員）合影

作者與弟子合影

李漢章先生晚輩傳人李光春題詞

10

正直忠厚坦蕩

繼承發揚獨創

李拓原先生存玉

肯庄辛卯書 史金海書

天津市漢沽政協史金海先生題詞

河南李洳波先生題詞

12

錦州周以純先生題詞

13

綜合演練圖

作者簡介

李拓原先生，1937年11月出生於漢沽，1956年至1996年在天津化工廠工作，1996年退休。

李拓原先生自八歲隨祖父、著名拳師李漢章先生習練長拳及形意拳械，深得祖父德藝真傳。先生謹記祖父教誨，以習武觀德、強身健體、弘揚中華武術為己任。先生繼承了祖父的拳藝，幾十年來，始終堅持演練形意拳功，豐富和創新了八卦轉九宮的拳法和刀法演練內容。自1983年以來，多次應社會各界邀請擔任武術教練，並任漢沽區武術協會副秘書長、武術裁判員等職。

先生自1983年至今多次參加國內各類武術邀請賽，數次獲得拳術器械比賽金牌和一等獎。1998年被授予武術七段位稱號。多次受邀參加國內形意拳研討會，進行學術交流，被聘為顧問。

2004年以來，先生陸續在《武魂》雜誌發表了《形意身盤刀的練法》、《形意八卦轉九宮》、《李漢章傳形意身盤刀連環轉九宮》等文章。並著有《內家拳內意打法舉要》一書。國內媒體搏武網採訪製作了先生的演練光碟，向社會及國內外傳播。作者繼承前人之經驗，體悟自身之感受，總結拳法之精粹，繼往開來，為傳承中國武術文化做出了重要貢獻。

序（一）

　　武術之道，博大精深，歷史悠久。數千年來，以武術強身健體，振我國威者大有人在。今逢盛世，隨著時代的發展和需要，各武術門派之花競相綻放，人才輩出，顯現出強大的生命力。當今武術已走出國門，深受各國武術愛好者的尊崇。

　　津門漢沽地域雖小，但文化底蘊深厚，習武健身者多矣。拓原先生即其中之佼佼者。拓原兄生在武術世家，祖父李漢章老先生身懷絕技，以形意、八卦融為一體，素有「鐵背熊」之美譽。在民國期間，已是形意拳河北直隸支派的名家（姜容樵形意母拳），在漢沽和關東（東北）一帶授徒甚多。

　　拓原兄幼承家學，思維敏捷，追隨祖父和父親學藝幾十年，深得武技之精髓，加之為人正直，以義氣待人，疾惡如仇，不逞自能，廣交武林界朋友，深受同仁尊重。

　　我與拓原兄同飲薊運河水長大，吾父李潤來早年曾拜在李漢章老先生門下，並與拓原之父結交甚厚，直到我輩可謂世交。孩童時我與師兄馬九初先生並拓原兄一起玩耍習武，常觀前輩老先生們拳術和散打演練，得到長輩的指教和薰陶。

　　拓原兄在習武中比我們優秀之處，在於他認真揣摩，潛心鑽研。雖學歷不高，素常寫心得，積累材料，幾十年來達數萬字之多。由於凝神入氣，以神馭氣而得靜，內外兼修，雖年七十有五高齡，但運動起來身輕如燕，天人合一，在繼承、發展和創新中，總結出一套自己獨特的練法和招數，在其表演和比賽中，深得武林界同行的讚譽。

　　古人云：「天行健，君子當自強不息。」拓原兄正是以這種自強不息的精神，勤學苦練，潛心自求，繼承前輩經驗和體會，編撰此書以示同仁，以了多年心願。甚幸、甚幸！

辛卯壹月　李光春

序（二）

　　中華武術，歷史悠久，門派繁多，歷代名人輩出，成功者比比皆是。李漢章先生出身於武術世家，其外祖父張明遠是清代末年燕青拳高手，享有「燕尾張三」的稱號。李漢章先生少時從母習武，後拜唐維祿先生學形意拳，又得形意拳名家申萬林先生傳授，後經申萬林先生推薦由孫祿堂先生引薦，受藝於形意拳大師郭雲深弟子李奎元先生（見姜容樵著《形意母拳》中形意拳南北兩大支派系統表）。再由李奎元先生推薦，受藝於八卦拳大師董海川弟子程廷華先生（見孫祿堂著《八卦拳學》自序）。

　　李漢章老先生既獲真傳又融合諸師拳術之精華，乃衍成風格獨特的形意、八卦拳合一練法。先生將拳藝傳其長孫李拓原先生，拓原先生又將家學技藝繼承發展，創新形成了形意、八卦轉九宮的練法。這一獨特的練法體用兼備，融健身與技擊為一體，是形意拳、八卦拳的瑰寶，為繁榮中華武術做出了貢獻，是武林文化的寶貴遺產。

　　自上世紀80年代以來，李拓原先生在國內各類武術觀摩交流大會上表演形意拳、八卦拳合一拳術和刀術，多次獲得一等獎和金牌，這一罕見的拳術練法遂為國內外武術界所注目。

　　我自少年喜愛武術，先後在漢沽向諸師學練長拳、形意拳。先拜河北唐山張蘭普師學練少林拳、形意拳、太極拳、八卦拳及器械，後又向河北邯鄲楊振基、裴秀榮二師學練楊氏太極拳。為求於生計，期間中斷習練多年，有負諸師栽培，心中慚愧。近年經陳西華（本門師兄）推薦，拜李思志先生門下，由李拓原師兄代師傳藝。幸得拓原先生厚愛，親授家傳技藝，實屬求之不得，遂視如珍寶，潛心習練。

　　拓原先生武德高尚，德藝雙修，嚴守祖父遺訓，以武觀德，團結武術界人士，在當地有較高的聲望。先生多年來曾在工廠、學校、部隊傳授拳藝，並在當地開辦形意拳培訓班數期，為本地區培養了一大批武術骨幹和人才，其學生多次在國內武術競賽中獲得優異成績。國內，武林人士來信、來電，到家中拜訪，交流拳術者眾多，對先生的技藝無不折服，十分敬仰。先生尤以盤身刀法見長，技藝獨特，被武林同仁冠以「津門雙刀李」之美稱。

　　先生現將其多年撰寫的形意拳、形意八卦盤身刀等手稿整理成書，發表於世，圓了其多年宿願。先生手稿多達十幾萬字，部分內容已在本門師兄弟中相傳，也曾在國內武術刊物上多次發表。其中部分內容多年秘而不傳，為繼承和發展中華武術事業，以示形意拳同好，這次能將家傳練法和心法公開，是武術界及廣大習武愛好者的一件幸事。相信此書的問世，將會受到讀者的喜愛。謹此為序。

邵義勝

2010年12月擬于天津漢沽

前 言

　　形意拳是我國的一種重要拳術，是中華武術瑰寶之一。經過幾百年的實踐證明，內外兼修、融技擊與養生為一體的形意拳，不論對男女老少還是身強或體弱者，均有健康祛病的價值，幾百年來流傳民間而不衰。

　　我的祖父李漢章先生，原籍河北省寶坻縣林亭口人，生於1880年2月22日，故於1962年2月26日，享年82歲。李漢章先生自幼家境清貧，聰明勤奮，隨母親習練燕青拳，後拜名師學藝，初始在寧河縣寨上（即現天津市漢沽區寨上街）拜唐維祿先生為師，又得申萬林先輩指教，並送給八個字：挨、幫、擠、靠、順、逆、推、柔。經申萬林先生推薦，孫祿堂先生引薦，與孫福全先生同拜李奎元先生為師，後經恩師李奎元先生推薦進京拜程廷華先生為師。

　　李漢章老先生拜師訪友，習武一生，專心致志數十年。用畢生之精力，潛心研究形意拳術，繼承和發揚老前輩的武術精華，熔形意八卦於一爐。李漢章先生一生光明磊落，武德高尚。深諳形意拳術，多年來研究武術化境之功，精於鐵背熊、五龍盤身功法、八卦轉九宮功法、武當拳法、形意盤身刀、八卦盤身刀、形意棒、峨嵋刺、齊眉

棍、路花槍、十三槍、春秋刀等功法。其拳械融會貫通，成為一代宗師。

為振奮中華民族精神，雪洗「東亞病夫」之國恥，李漢章先生曾在瀋陽、長春、哈爾濱等地多次擊敗日本武士。李漢章先生為人行俠仗義，勇於除暴安良。1949年前在寧河縣寨上及沿海一帶痛打鹽警和海匪，為民除害，至今佳話流傳在民間。

李漢章先生曾在東北三省、天津、北京、河北各地授藝，弟子數百人，多次受到政府領導的好評與獎勵。曾榮任兩屆天津市漢沽區政協委員，為繼承和發展中華武術事業做出了卓越的貢獻。

李漢章育有四男三女。長女李思蘭，長子李思志，次子李思遠，三子李思成，四子李思和，次女李思琴，三女李思彬。子女自幼都隨父練拳習武。

我父李思志，生於1919年，故於2007年，享年89歲。十八歲由我祖父介紹到北京東城拜張文英先生為師，習練形意拳，尤其善長散手，其手法嚴謹，拳架動作緊小而快慢相間，發勁剛脆，冷彈抖擻，出奇制勝，行拳走架時身上可發出爆節聲響。弟子問時，只說：練去吧。教授學生時不問對象，搭手即打，犯者立仆。故學者難以學其技。

我自八歲即隨祖父學拳。祖父對我要求甚嚴，拳理拳法身傳口授，總是要我觀察和摹仿象形動作，貫通拳法直至練到得心應手。

為了使李漢章老拳師的形意拳藝得以傳承，從而繼承

和繁榮中華武術事業，我將在學拳和教拳中的一些體會，寫成本書供習武愛好者參考。因所學拳術不精，水準有限，此書必然存在很多缺點和錯誤，敬請武術界前輩、武林同道和讀者多多指教。

在本書編寫過程中，曾得到邵若貴、焦繼業師伯的幫助，並得到李光春、馬久初、陳西華、李德華、王福明、劉順得、畢志堅等師兄弟的支持，尤其是邵義勝師弟對編寫本書給予了大力幫助。書中圖像由弟子董生攝影，特在此一併表示感謝。

李拓原

2011年12月

目　錄

第一章　拳術總論

　　緣太古之世，民智未啟，與禽雜處，與獸同居。力薄者，橫受其害。既乏造屋之能，又鮮避禦之巧，是以強存弱死，而古聖先賢尤之。乃遠取諸物，以察夫貓捕狗逐、兔脫鷹縛；近求諸身，而合先後天，並取諸物各形之功能，集成拳術後復按易理，定八卦，合五形熔一爐，而加添招術，代代傳流。此術逐合形完備。

　　然練武之道，在初學者習練出功底。凡練武須知步，先求開展，後找緊湊。至爐火純青之候，瞻之在前，忽然在後，虛虛實實，真真假假，無形無象，不散不滯，術亦盡於此矣。

　　練武之人，必先得明師傳授，得拳術中之要義，並知其先後之次序。拳術本是一氣變化，而其大無外，其小無內，知道遠在六合以外，近在身之中，一動一靜，一言一默，莫不有合卦象焉，非口傳心授，不易得其精之妙。

一、練武宗旨

　　不論內外家，何等的武術，凡高明之人總要求名師而訪高人，才能得其技術，不致枉費工夫。高明之人與通常之人不同，其秉性坐臥言談動作皆別有精神，故真人不露

相，露相非真人。然初學練習十餘年，不知動靜勁或招數，此乃無人指點不明拳理，怎知練武之習慣甚深，說話瞪眼，而指手畫腳，無大不談，皆粗人，我輩初學，宜以為戒。

要尊師重道，敬長愛友，除貪袪狂，戒淫忌狠，自當以慈悲為主，不可有逞強凌弱之舉。先強健體魄，而後易收明心見性之功也。

二、虛心受教

第一，得明師後總要虛心受教，往深處追求。對老師要心地誠實，此為練武之宗旨。

古來藝不輕傳，何也？因恐誤傳匪人，在外為非，沾辱本門名譽，故為師者非端正之人，必不傾囊相授。是練藝者，從心意端品。

第二，藝成之後，不准藐視人。要知道強中自有強中手，能人背後有能人。以義氣待人，而不逞自能，或與高人比較武術，點到為止，則勝負自知，外人難分，以便保存對方名譽。

第三，練武之人，最宜注重道德，為國盡忠，為雙親盡孝，對友肝膽相照，對事見義勇為，當仁不讓，方不愧武術家俠義之本色。

第四，功夫成後，切忌下列各事，犯者不得善終。姦淫婦女，欺壓良善，掠奪財產，傷殘世人，胡作非為，違拗師長，交結匪人，開口罵人，公報私仇，口造妄言。以上各事，切宜戒之。

三、練武須知

武術繁博，門類甚多。就其體用言之，無非軟硬二功，軟功尚柔，硬功尚剛，剛柔相濟，乃武術之真髓。武當屬內家，以柔致剛，少林為外家，由剛達柔。要之剛柔，乃初學之別，總之有剛柔之分，良以門戶之見太深。須知天下武術本一家，如形意、太極、八卦無地不有，無人不學，尤以文人占多數。

練習姿勢為法，運招術應敵為術，起勢舌捲，所以接任督之氣。而心中空空洞洞，無形無象，此無極。似動非動，心意動，意亦生，身轉前，手足運此太極，由太極兩儀，而四象八卦，以至八八六十四卦，各種拳術，鮮能出此範圍。知道應敵時，動敵之將動，靜敵之先靜，彼上我下，彼剛我柔，所謂隨機應變的手法，尤以掌法為難。而八卦一門，用以形意八卦九功熔鑄為一，當然必有名師指點。手法變化暗藏腑內變化，久練後氣沉丹田，手足相合，知道虛實要分，知道抽身換影，旋轉隨機應變，變化無窮。

練武者無論練習何拳，皆以腰身為總根，力致勝，純乎丹田之內勁。如一拳之出，皆須求自然，乃有虛實無真，虛是變化之手，要有誠靠打法之妙。按八卦拳之用法，可分推託代領，搬扣劈進，捉拿勾打，封閉關門，能進能退，能化能生；剛而不滯，柔而不散，移動游龍，身隨心穩。手有撥勁，力勁，化勁，暗勁，順勁。技巧的打

法變化，拳之精妙，取人根與梢，這是拳術之理。拳術之練法分上中下三盤，三盤及精，內勁自明。

四、武學道功

混沌初開，乾坤始奠，清輕者為天，重濁者為地。天地者，陰陽之氣，陰陽合而萬物化生，人為萬物之靈，而有半陰半陽之體，氣為專務，動練筋骨皮。要知道天地同體氣，意到氣到，氣到勁自到。

五、形意拳起源概況

形意拳的起源，傳說是達摩祖師而傳，他曾著作了三本真經，即《易筋經》，《易骨經》，《洗髓經》。宋朝名將岳飛的授業先師周侗老夫子，曾在河南省嵩山上一座破廟內得著了這三本真經，傳給了岳飛，岳飛把這三本真經又加以揣摩，而又創造了岳家拳。岳飛被秦檜所害，此經又失落不明。

明末清初時期，山西省蒲州姬隆豐老先生，名際可偶到陝西省終南山遇一隱士，把岳飛所創造的拳術和著作，全部傳給姬老先生，姬老先生用一生的精力研摩，後定為形意拳，姬老先生，傳河南省馬學禮（河南派），傳山西省戴龍邦（山西派）。河北省深州李洛能，字能然，諱飛羽，三十七歲時向戴龍邦學藝（十年），後成為河北派形意拳創立者。後來各門派對形意拳叫法不一。

故又說：心意拳，心意六合拳，六合拳，形意拳等。

混元一氣吾道成，道成莫成行真五形，真五行內藏真

形意拳南北兩大支派系統表

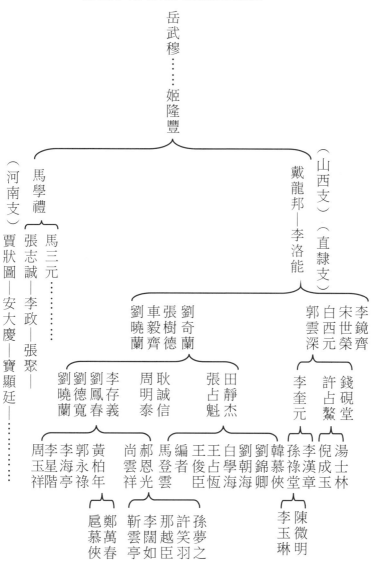

（摘錄姜容樵《形意母拳》）

精神，神藏氣內丹道成，如問真形須求真，要求真形合真象，真象合來有真訣，真道合道徹靈根，固靈根而動心敵將也，養靈根，而靜心修道也，武藝難真竅不真，費盡心機枉勞神，祖師留下真妙訣，知者傳授要擇人。以上是河北派李洛能老先生名言。

形意拳的精髓，是以意領氣，內外兼修，李洛能老先生和各代名家，無不強調（在練拳時）。打拳要自然，呼吸相合順，剛柔相互濟，練形而能堅，練精而能實，練氣而能壯，練神而能飛，陰陽合互濟，動靜傳之機，如能只知有力量有剛勁，而沒有輕靈，重力不能柔化，這將何以成為形意拳也。

拳經云，精養靈根氣養神，養功養道見天真，丹田養就長命寶，萬兩黃金不給人。

六、形意、太極、八卦三家拳合一說

清朝咸豐年間，河北形意拳掌門大弟子郭雲深老先生，聞說北京肅王府總教頭董海州（八卦創始人）武功高深，全國武林高手均甘敗下風。

郭雲深先生聽後不服，攜師弟劉奇蘭二人來北京拜訪董海川老先生。二人在肅王府後花園相互比武。

郭雲深老先生人稱半步崩拳天下無敵，他出手迅猛，快如閃電，董海川身步捷靈，剛柔相濟，運用了游身八卦連環掌，傳說二人從早一直苦鬥到天晚，而又不分上下，這樣一連三天，不分勝敗，到第四天二人均心悅誠服，結為金蘭之好。

太極拳巨星楊露禪（人稱楊無亂）在端王府為總教頭，端王府為了試探董海川的游身八卦掌，叫二人比試一下。二人在端王府後花園如二龍戲水，相互攪在一起。對打半天，不分勝負。後由端王府相勸，並叫二人結拜為金蘭，當時北京城稱這二人為「珠聯璧合」。

孫祿堂先生則把這三家拳綜合一起，取各家之長，獨創了孫氏太極拳，流傳至今。李漢章先生以形意拳、八卦掌精順身變的使法很精人，特別是形意五龍盤身、形意盤身刀和八卦盤身刀練法，是世上罕見，而能四正四隅打法，翻轉靈活，變化無窮。

形意、太極、八卦三拳與陰陽八卦的關係。形意拳、太極拳、八卦拳這三大家內家拳處處充滿了陰陽五行八卦九宮的內容。按易理定八卦，合五行增招添數，代代流傳。八卦可分為義易和周易之分，義易即是伏羲的先天八卦圖，周易即是周文王的後天八卦圖，見圖表。

按八卦圖來看，圖中兩個魚為「陰陽魚」，這兩個陰陽魚首尾相交所組成的圓形圖即陰陽太極圖。太極外的幾個符號「━」連而不斷的表示陽，「╌」斷開的表示陰，和幾個符

號相對應的圖外八個字，乾、坎、艮、震、巽、離、坤、兌,即是八卦（也叫八門），其意思是指八個方向。

一乾指西北，二坎指正北，三艮指東北，四震指正東，五巽指東南，六離指正南，七坤指西南，八兌指正西。

乾、艮、坤、巽屬四隅，震、兌、離、坎屬四正。

八卦五行（金、木、水、火、土）和天干（甲、乙、丙、丁、戊、己、庚、辛、壬、癸,）相配為：東方甲乙木——震。南方丙丁火——離。西方庚辛金——兌。北方仁癸水——坎。中央戊己土——中宮。共合五處，再配上四隅之方位，共九處，即所謂九宮，五行、八卦共合十三，即所謂的十三太保。

按人來說：乾為頭，坤為腹，震為足，巽為股，坎為耳，離為眼，艮為手，兌為口。

五行配為五臟：心、肝、脾、肺、腎。心屬火，肝屬木，脾屬土，肺屬金，腎屬水。

按經脈來說：督脈屬陽，任脈屬陰，總之人的四肢百骸，五臟六腑，奇經八脈，九宮穴竅都與此相應而配象。

孫祿堂老先生說：腰為太極，腎為兩儀，腰居中，所以是：太極生兩儀，兩儀生四象（四象為手與足），四象生八卦（八卦為四肢八節）。

形意拳，太極拳，八卦拳內家拳的理論中處處含有陰陽屬性。

太極拳有十三總勢：掤、捋、擠、按、採、挒、肘、靠、進、退、顧、盼、定。掤、捋、擠、按對應坎、離、

震、兌為四正。採、挒、肘、靠對應乾、坤、巽、艮為四偶。因太極拳以八字為手法。

八卦八字稱八門，所以叫八門手法。金、木、水、火、土與五行對應為進、退、顧、盼、定之步法，所以叫五行步法。十三總勢相結合也，名之曰：八門五步。

太極拳總的步法行動的路線由「S」型組成，此線位於八卦圖中的兩個陰陽魚中間的公用交接線之「S」處，它居陰陽之間，起於陰陽之始，含有陰極和陽極之太極。只因為人的腰為太極，所以太極主宰於腰。腰是人的中節，中間。故「太極生兩儀」，兩儀即陰陽，所以太極拳寓意於陰陽之內，步於陰陽之際，起于陰陽之初，變化於陰陽之中。以應陰陽太極之象，故稱「太極拳」。這就是太極拳與陰陽八卦說的密切關係。

太極拳歌：太極原生無極中，混元一氣感斯通，先天逆動隨機變，萬象包括易理中。

八卦掌主要是：單換掌，雙換掌，順式掌，撩意掌，背身掌，雙抱掌，磨身掌，翻身掌，共八大掌。

孫祿堂老先生曾更進一步解說如下：把預備式作為「無極式」。起式作為「太極式」。單換掌的左旋右轉如同太極圖中的陰陽魚的轉動，稱為「兩儀」。又把雙換掌向左或向右的青龍轉身，黑虎出洞，向上的鷂子鑽天，向下的白蛇伏草四個動作作為「四象」。

講八卦：

獅形（獅子掌）作為　乾卦；

麟形（返身掌）作為　坤卦；

蛇形（順式掌）作為　坎卦；

鴿形（臥　掌）作為　離卦；

龍形（平托掌）作為　震卦；

熊形（背身掌）作為　艮卦；

鳳行（風輪掌）作為　巽卦；

猴形（抱　掌）作為　兌卦。

再根據《周易》中陰求陽而定「乾、坎、艮、震」，為陽四宮，陽求陰而定「巽、離、坤、兌」，為陰四宮。這陰陽八卦中都是陰中有陽。再按六十四卦陰陽交配中和六十四卦的兩卦相疊的原圖，而創編了「六十四連環掌」。八卦掌雖然有千變萬化之妙，但總是不離「推、托、代、領、搬、扣、劈、進」這個八法。因此，八卦掌變化之中總是在八卦圖上轉練，其意是：統攬陰陽，足踏八卦，所以才叫八卦掌。這也決定了它的各式動作的要領，斜勢正練，走翻擰轉，穿搬截攔，陰陽互變，巧運弧圈，圍圓而換。

形意拳主要有劈、鑽、崩、炮、橫，這是形意母拳。按五行講：對應人的身體，心、肝、脾、胃、腎。劈拳於金，鑽拳於水，崩拳於木，炮拳於火，橫拳於土。因此也叫五行拳。

形意拳生化之道，皆是先天之橫而生，即萬物生於土也。土為中央戊己，所以形意拳位於八卦圖上之中宮。其拳要領是直線練習，似兩個魚的眼點連成一線，直貫陰陽（陰陽就是兩儀），兩儀合成三才，三才（天地人）重生萬物長。所以形意拳千變萬化，千招萬法均出於三才式

（也為三體式），三才式是由於太極式變化而來。

太極生兩儀，兩儀生四象，由此而來的形意拳不論每個式都要具備：雞腿——腿有單重、虛實之分；龍身——身有三折之態；熊膀——沉肩墜肘；虎抱頭——頭頂豎項之法的四象要求。

五行八卦轉九宮，生門死戶順辨清，旋入陰陽出河洛義，周易法萬理宗。與陰陽八卦圖有密切關係的內家三拳，其形意拳可採用直出有入得變化，足踏中門的戰術變化，來攻擊太極拳法的「S」型，也可利用身居中宮起落鑽翻、旋轉變化，以點打圓的戰術來對抗八卦掌。

而八卦掌可採用斜身繞轉，圍圓打點的戰術來對抗形意拳和太極拳。而太極拳可利用沾、黏、連、隨、引、進、落、空，牽動以巧撥千斤的動法去變化，巧轉弧形宛轉迂迴八卦掌、形意拳之間，這三家拳對擊戰術如陰陽變化，真是有千變萬化之奧妙。

七、形意拳之名稱

達摩祖師在嵩山修煉之時，閒時經常坐在山頂觀察天上飛的，地上跑的，水裡游的，各山中飛禽異獸的動象。它們為了生存，表現出各有不同的動象以防止受侵害，來保護自己。達摩祖師則取各動物之特殊之技巧，並經常綜合演練，才逐步形成了此拳。

「象形取意」表達了很多動物之特長，故取名「形意拳」。後來又經各前輩們的不斷完善，形成了不同風格的形意拳術。形意拳形成了南北兩大支派，河北派李洛能、

郭雲深、李存義、尚雲祥、張占魁、孫祿堂等，為形意拳的傳播和發展均起到了很大的作用。

現將李漢章先生所練形意拳術做一介紹：五行拳（為母拳），十二形，三十二小形，五龍盤身，劉海戲金蟾，蓮花手，二早斗梅等。進退連環，雜式錘，五行相生，相克，單操手等。

以上各大小形和五行拳均可互相穿插演變，可分為三盤手法（上盤手法，中盤手法，下盤手法）和三架子（大架，中架，小架）。形意散手（而把以上各形和五行拳，綜合連貫一起）打破各形的原套式的練法，行四面，走八方轉身形，拳似行雲流水，周身上下三盤手法和三個架子隨心所欲，剛柔互濟，不受時間約束演練。

第二章　形意拳概述

五行拳者，金木水火土，考其生剋制化而造成拳術，而五行，四象，外三合與內三合的六合之動，內動練心肝脾肺腎，外合耳目口鼻舌。

此拳看斜是正，看正是斜，當然先站架為根基，拳術先有剛後有柔。例如太極，腰中化圓，八卦走圓，皆化道圓，總不離圓中，奧妙在圓內的變化。

形意是學形像形，而形象的變化有所不同，在變化上比較出像，十二形中龍、虎、猴、馬、鼉、雞、鷂、燕、蛇、鮐、鷹、熊，各有靈云處。

龍有搜骨之法，虎有撲食之勇，猴有跳躍之靈，馬有清蹄之功，鼉有浮水之精，雞有擺鬥之巧。如能五行，十二形此拳練至精妙處，各樣兵刃，在手無不從心所欲，練法變化中，安心力求，達到完善。

形意拳中，不離三尖相照，練拳術注意到，外重手眼身法步，內修心神意念足，如下有幾個概念：

練者久之氣沉丹田，練的是手足相合，練氣化神，在練精化氣基礎上，進一步練法，就是大周天的功夫。下丹田煉精化氣，中丹田煉氣化神，上丹田煉神還虛，在練氣化神中應著意於中丹田。

　　所謂大周天，在自然界是地球圍繞太陽公轉一圈，為一個大周天，為三百六十五天，潤年為三百六十六天，小周天為一日夜。

　　從形意拳內功法來講，小周天功夫是連通任督二脈，大周天功夫則是要連通奇經八脈與十二經絡。

　　三體勢樁功正是為了連貫打通十二經絡，奇經八脈。

　　所以在形意拳中兩儀勢功法，就是小周天功法，小周天氣血循環，是必須注重的功夫，因而被形意拳老前輩認為是攬陽陰，反先天之純陽，退後天之純陰，復本來之面目，歸自己之真性命，而謂之性命雙修重要功法。

　　性命雙修一語：原出於道經，心為性之源，腎為命之蒂，而練心為修性，練腎為修命，心腎相交，水火既濟，故謂之性命雙修。

　　督脈能夠總督一身之陽經，故稱為陽脈之海，任脈能總任一身之陰經，是陰脈之海。位於心下臍上之正，主要練氣化神之處，內修心神意念足，外重手眼身法步。位於臍後腎前之正中稍下一寸二分處，是主煉精化氣之所，在道為煉人之金丹之處「氣源」。

　　筆者祖父提到：練者要知氣沉丹田，首先練法手足相合，是變化不斷的手法，腳足有虛實之分，打法有抽身換影之能，動法有隨機應變。知道手的變化，腰的變化，腳足變化，轉身移動，扭腰起步的變化。老祖先師悟到練法，知道陰陽是萬物化生，人就是萬物之靈。

　　如我們練的拳腳不合順，必然內氣不和調，拳術是動練筋骨皮，知道靜運內氣。如內氣不調，五臟受病，最好

走動時先領，在練習拳術時氣中之源和順。還要知道拳術有三空，手心空，腳心空，心要空。透過三空練法，自然氣自慣全身。舌頂上齶，眼觀虎口，架式要求要正確。

習武人，好像人走陌生路一樣，開始不認路的情況下，而需要有人領路，走熟了以後，便可以自己獨來獨往。所謂隨心所欲，只伸拳、出掌，發動時，氣血自然會在無意之中而至，拳無意之中，是真意得成高功夫。

形意拳中，講三層功夫，除了三層功夫外，還有三種練法，指的是明勁的練法，暗勁的練法，化勁的練法，也稱是易骨，易筋，易髓。

一、形意說法不一

形意拳是我國傳統拳術內家拳拳種之一，是以煉內精、氣、神、意、勁為宗旨。形意拳剛柔相濟，內外兼修，內意、內氣、內勁與外形、外氣、外力相結合運用。拳術有內無外，不成拳，有外無內難成術。

形意顧名思義，是外形與內意高度統一結合，內為養身之術，其內而堅，其外內外兼修拳術。所以練習形意拳不但能夠骨堅肌潔，內華外和伸筋拔力，此能改變人體氣質，增大肺活量，舒通脈絡，促進新陳代謝等強身健體，而且又能鍛鍊人的意志。

形意拳術，有武藝、道藝之分，三體勢中有單重與雙重之別，求藝者，重點而注意。

練武藝者，注意於姿勢而重勁力。習道藝者，注於養氣而存神，以意動，以神發也。

重剛而輕柔，重陽而輕陰，主要求武藝，重柔而輕剛，重陰而輕陽，此養氣之大別。

拳經中云：此皆非形意拳，是養氣之道，形意以身體為運動。

說明了形意拳，是既不可不求外形、外氣、外力，更不可不求內意、內氣、內勁，而必須內外兼修，剛柔相濟，魂魄並重，陰陽相伴。

先師在傳受形意拳時強調，精拳者必精於道。

形意拳必須是內有心意、意氣、氣勁之相合，外有手足、肘膝、肩胯相合，內外相合成其六合，這就是為何形意拳也稱之為六合拳。

形意拳是以意行事，以意領氣，以氣催力，化拙為巧，易僵為靈，剛柔相濟，陰陽相伴，虛實兼備的運動。重視對內氣、內勁的培養與鍛鍊，禁忌使用拙力。所以形意拳要求五靈沉著，五靈在物為麒麟、鳳凰、龜、龍、白虎，五靈在人為心、眼、耳、手、足，氣歸丹田（下）。內氣充足，是真勁長存。

筆者祖父談：練武人懂得四兩撥千斤，見珠子說話，二一添作五，逢二進一的打法，進手得手的變化，打法巧動打法圓活，及有靈巧之勁，與不同功勁。

練形意拳按照三層道理，三步功夫，三種練法：煉精化氣，明勁，易骨，為第一步功夫；煉氣化神，暗勁，易筋為第二步功夫；化神還虛，化勁，易髓，為第三步功夫。必須分清要求、練法、目的，要進一步刻苦練習。

練好這三步功夫，三年一小成，十年乃大成，每層功

夫，而苦練三年，你才能有體會，才會得知拳術的奧妙。

初學形意拳，不可貪多，求快，急於求成，一招一式，一起一落，一開一合，一轉一換，順手自然，不可自以為是，要聽老師訓教。

打拳人，不能神意渙散，有開有合，打拳有剛有柔，有陰陽之分，有內外之分，有開合之分。打拳身靈不偏，不飄浮，知道形意內家拳要求，自然合順變化。

拳術，有正確理論，也會有不正確的行動，只因打起來它有變化之法。拳術手型角度，忽高忽低，或只重力不重意，從這方面不注意，就很難談到精益求精。

二、五行拳（也稱意拳）

意拳之意，指人的意念，意識。所以在練五行拳時，必須以意為首，以意為先領，以用意念，意識來調和指揮氣血，勁力膚體動向為宗旨，要做到氣、力未到意先行，足手未到意先領，以意行事，所以把五行拳稱為意拳。

意念，是意識，產生於人體大腦中樞神經。前人將大腦中樞神經運動通歸於「心」之所統，所謂「心」一動則「意」生，就是這個道理。

人不論幹什麼，首先大腦思維（即心想）產生出意念和意識，然後意念和意識指揮一切，才會表現出肢體外形的行動來。由於意念和意識是一種深藏在身上，無聲無象產物，所以我們把它稱為內意。

「心」為統帥，「意」為號令，「氣」為先鋒，「力」為將士，就是說心和意是內外的因素中起主導作用，學者

不妨總結和體會一下自己的練習實踐。凡是出入、進退、起落、翻轉、開合、吞吐等每一個動作，每一個姿勢，沒有一個是不動心的，也沒有一個是不用意的，都是以心用意，以意領氣，以氣摧力，以形合意的運動。

形意拳的動向，強調每一個姿勢的正確性，是來自正確地表達內意之所致，當然初學者打基礎，應當掌握好要領，才能達到形與意合的要求，都是由淺入深得來。

筆者祖父談到，人的動態都不一樣，你首先學學形的形象，站架的姿態是不是正確，全身放鬆，天地人站好，曲蹲坐胯，舌尖頂上齶，腰放鬆，十指扣地，兩腳足分抓，頭要上頂，眼前看，氣貫內丹田，是站樁功。因此說意為總領，形為協從，形必須符合於意，才能真正體現出形意的實質。

第三章 形意拳之要義

精為全體之總，氣為生命之本，神為儀錶之威，勁為全身之用。意為諸方面之首領，所以在練精化氣，練氣化神，化神還虛，發真勁的功法中，離不開意念活動。

一、形意拳意、精、氣、神、勁五個方面含義

精為全體之總，氣為生命之本，神為儀錶之威，勁為全身之用。意為諸方面之首領，所以在練精化氣，練氣化神，化神還虛，發真勁的功法中，離不開意念活動。

（一）意，指的是人身之內的真意

精，指的是人身之內的元精。氣，指的是人身之內的元氣。神，指的是人身之內的元神。勁，指的是人身之內真勁。意有內意、外意之別，精有先天精、後天精之分，氣有內氣、外氣之異，神有元神、心神之分，勁有內勁、外力之別。

內意是養生之術，健身之方，形為運動之道，攻防之法，拳為體之現，術為妙之用，外為形，內為領，內動是外動之源泉，外動是內動之體現，如果沒有內動，也就不

49

會產生外動。

內意不到，氣就難到，氣若不到，勁力也就無由生至。反過來講：如果外形肢體的運動方向（**包括尺寸、角度、勁節、手型、步型、手法、步法、視向、身法等等**）不正確的話，就會使內意、內氣、內勁等受到壓抑，影響內在因素的發揮。因此，要使意拳之內得以正確地表達和發揮，就必須在求內的同時兼顧求外，這是形意內家拳之本來的面目。

1.什麼是內意：

所謂內意，就是隱於人的頭腦思維系統的意念、意識，它無形，無象，無聲，無嗅，他深藏於靈魂之中，是任何第二者也難以捉摸和發現的，因此被稱之為內意。

內意雖出於無形，然而有形之動，則都出於無形之意，正如形意拳經中所說的「人的運動，以意為始，以形為終」。人的意念、意識，是決定一個人行動正確與否的關鍵因素，如果拳意不明，而形意也無由而成。

說明內意必須是反映和表現在形體上，方能成其為行動，或出拳入掌，或轉身進步，才能構成外形與內意相合的拳術運動。

一句話，就是說意是指揮形的，而形是用來表現意的，無意則難以成形為動，無形無動則內意又無所依託。因此，內意是由心動而所始，由行動而告終。

2.內意的產生：

內意的產生，並不是出於沒有任何條件反射，任何追求和基礎的冥思默想，也不是出於閉目塞耳的胡思亂想，

而是透過眼為見性之觀察，耳為靈性之聽聞，鼻為辨味之聞嗅，舌為嘗試之品味，以皮膚、肌肉、神經之感觸等等所產生出來的意念，是一種條件反射所形成的「心裡活動」和「大腦思維」，從而產生各種意念和意識。

3.內意的功用：

內意在形意拳中的功用，講兩方面：一是統帥和導引內氣在人體進行循環流通。二是發揮內氣對外形肢體運動、動向，從而調整氣是否暢通。

氣為血之師，氣行則血行，而改變人的呼吸和氣的方法，從導引氣血在經脈中的流行，乃是意念的功能。形意拳的內功，由無極而入靜，意守丹田，主要是口鼻呼吸，之大氣導引深沉於下丹田。

心不發動，則意無所生。內意不領，則無真氣。拳術練法，出拳入掌，進退起落，翻身縱躍，開合吞吐，每一招、每一式都離不開意念。

4.內意與外意：

頭、身、手、足、運動、形象為外意。如你想打人是心想，是你的心之發動，而產生的打的意念和意識，是為內意。這種意念如產生，心毒、手毒、眼毒，是謂心神合一，以意領氣，以氣催力，精神貫注，即為外意。外形是從動，內意則是主動。

（二）知道什麼是氣

人身上從氣來講，有呼吸於口鼻之間天空的大氣，運行在人身血脈之中的營氣，吸與呼；有運行在血脈之外、

皮膚之內、皮肉之間的衛氣，運行脾臟之中的充氣，胃腑之中的胃氣，引於上焦的宗氣，達於中焦的中氣，於下焦的元陽、元陰氣等等。總的來講，是先天之氣與後天之氣，所謂內氣和外氣。

1.內氣：

又叫真氣，元氣純陽之氣，內功法中所說的內氣，並非指口鼻呼吸之氣。但求的內氣中，無論是採用腹式、胎式、順式、逆式等呼吸方法，都離不開呼吸二字。

2.內氣的產生：

真氣是每一個人都有的氣，元氣虧者，則少神多病，而造成虛弱，身態不太好，所謂你是虧氣。強實壯勇，產生出真氣，以補充先天之氣。

拳經云：心定神寧，神寧心安，心安清淨，清淨無物，無物氣行，氣行絕象，絕象覺明，覺明則神氣相通，萬物歸根矣。所以在練功時，必須是心神安定，全身放鬆，不思不想，在形意拳的內功法中，叫做虛無無極含一氣。萬物歸根矣。

①兩儀即陰陽，指的是奇經八脈中任脈和督脈，督脈為陽，任脈為陰。

②由拳術而運用，是形意內家拳之本質，氣不至則力不達，故在出拳與伸掌時，要以意領氣，以氣催力。

③三才，指的是天、地、人三才，同時也指的是上、中、下和人體的頭、手、足。

3.大周天與小周天：

①由小周天再進而練至大周天，即連通頭、手、足中

奇經八脈，在形意拳中即為之三體勢「樁法」。

真氣是「人」的生命之本，真氣存則生命在。

②小周天煉精化氣功夫，這種連通任督二脈的功法，在形意拳中樁功裡，叫做兩儀。所以說，練拳必須練功，練功必須練氣，有真「氣」，才有內勁的產生。

（三）真　勁

內勁又是真勁，「內氣產生內勁」就是產生真勁。

練習內家拳的人，平時之所以注重氣沉丹田，就是為了培養真氣，真氣的真意、真勁誠於中。下丹田練精化氣。

氣自丹田吐，「拳勁注掌心」，「拳勁注神門」，是指在手厥陰肝經和手少陰心經中所運行的氣血而言，貫注於上肢中的衛氣。

產生出來內勁，也有陰陽、剛柔之別，內勁有剛柔之勁。

這裡所說的「剛」只是就其內氣（營氣）而言，離不開衛氣中的力氣，二氣相合為一，才能迸發出「剛中之急，急中之剛」的抖、絕、顫、脆的勁力。

（四）內勁的功用

勁生於「魂氣」、「營氣」，為陰為內；力生於魄氣，為陽為外。內勁的特點是具有圓、活、靈、巧、彈、韌、剛、柔之特性。

外力則具有渾、厚、剛、猛、僵、直、呆、滯之特

性。

形意拳內功法中說，轉動是靈巧，而所發出來的勁也就越大。①巧的妙勁有力。②拳打滾鬥之力。③擊打中奧妙產生的關鍵順乎自然。

練武人都知道內情，練拳不練功，到老一場空。習武人得知，內勁有明暗勁，暗勁有剛柔，而內提有精神，要你知手法有殺機之妙，手有暗藏，得心應手，意、氣、功、力相機打法，知道領進不落空，手法以巧破千斤之妙用，是內勁用意不定，知己知彼。

（五）精

所謂精，就是精華，先天之精屬腎，後天之精為脾，「脾主運化」。這就是說後天養先天的道理。上通內腎，下通外腎，所以說下丹田乃是煉精化氣之處。

（六）神

所謂神，是指「心神」、「神態」、「神氣」、「精神」、「元神」。我們所提到的「神」是聽不見而又摸不著的，人身上之神，人的意念能夠產生多種多樣的神態之靈。

「有神在目」，就是人身之神，主要是透過兩隻眼睛來表現，從人皮膚、面色、光澤、勁力和體態等方面，也能看出。凡是精氣旺盛的人，神氣也就表現「飽滿十足」，眼神有光。

【說明】意、精、氣、神、勁五個方面內容，就是內

家拳鍛鍊之宗旨，掌握內家拳功法除拳術鍛鍊以外，還必須注意其中環境、情緒、飲食等多方面因素配合，練好內功法。

二、形意拳之內與道家內丹術的關係

先師所傳，精拳者，必精於道，精道者必精於醫。為什麼練形意拳還研究道家功夫和中國傳統醫學呢？因為形意拳中內家功夫，採用了道教中內丹術功法，所以學習形意拳（無極勢），虛無含一氣勢，太極勢，兩儀勢，三體勢及其他樁法勢，要把握道家的煉精化氣，煉精化神，化神還虛的三層功夫。

內丹田功夫，是與醫學中的氣血、經絡學說有著非常密切關係，所以學者如果不知道人體中經絡血脈、經筋骨骼、肌肉皮膚、營氣衛氣，以及精、氣、神的物質基礎和互相轉化的過程，就很難把道家內丹術功夫真正掌握運用好，所以說精拳者必先精於道，精道又必先精於醫。

我們常講天有三寶——日、月、星。地有三寶——水、火、風。人有三寶——精、氣、神。總之是人生死存亡，強弱虛實，離不開精氣神，精氣神是形意拳中的內功。

（一）五臟六腑的關係

人的五臟有心、肝、脾、肺、腎，六腑有大腸、小腸、膀胱、胃、膽、三焦，六腑五臟為表裡互為陰陽。人體五臟之所能夠運動，先天真氣為腎，後天真氣為脾，先

天之真氣，是秉承父母雙方精氣而得，後天真氣是依賴飲食水穀物中的精氣與呼吸氧氣由混合與化合而產生。

（二）經絡血脈的關係

人體中的經絡血脈，是氣血精液流行、過往和互相通達於肌肉、皮膚的管道。人體各部，無論上下，左右，內外，前後，之所以能夠處處豐滿光澤，是由於精液、血液、真氣在各條經絡血脈中運行和滋養的結果。

伸筋是為了拔力，而舒經則為了活血，所以練習形意拳的一個重要任務，是要通達十四經絡和奇經八脈，調動內在真氣。所以意念的配合，在人體中強制循環，透過氣催動，而經絡打通小周天，煉精化氣，用含氣從脈、神脈相合功法，將精化之氣以意導引會陰，導入上丹田泥丸宮。下丹田華池之精好比是海中之水，煉精化氣好比是日照海水，真氣升於乾頂（泥丸）如蒸汽上升，當真氣於泥丸宮復降時，就會變成甘露（口水），道稱玉液，而復降於釜黃庭，黃為土，土在臟為脾——這裡即指中丹田，是謂玉液還丹。若能如此日日循環不止，生生不息，則定益壽延年。

三、為什麼分三節

形意拳經中講：若無三節之所，即無意之處，蓋上節不明，無依無宗；中節不明，渾身是空；下節不明，動輒跌傾。三節是動態的變化，都含藏在你自己身上。而明白三節用意的時候，要運用好你自己的氣與勁。如能三勁合

一，分為變化上，能掌握明勁、暗勁、化勁，才能三種勁正確體現出來。

三節在攻守上，占著十分重要地位，知道一門攻，二門沉，三門緊追不放鬆。

手法動態和腰、足變化：

打法上講：手要起，肘要隨，膀要催。頭要起，身要隨，足要追。足要起，膝要隨，胯要催。就是說上中下，三盤合對一起，氣也就合順，筆者祖父常講三盤手上下不離心源，你要掌握三種打法和你身上變化，也就明白了身之動態，氣順、力順，全身動態靈敏，手法技巧也就到你身上了。

他老人家談到心：在形意拳中心要運用，使法上重點有發勁，身上有含藏，一動有實發勁，但是意不外露，你要知道，你動變化時，含勁不露是柔，實勁不發是剛，對方受不了，變化有精巧的絕勁。柔勁不渙散是妙，你要知道，剛中之柔，有應勁的變化。運用在你的心上，意氣相催，心勁不帶怒氣，在你變化上也就合順了。動態心不慌亂，只有心靜拋一切雜念。神志歸一於心。

在形意拳中，龜背、蛇腰，從胸部、腹部動態有所不同。拳術變化上，龜有圓滑打法；動態在肩裡扣，而身斜外旋，足、腰、手有擰勁的變化，手腳合順運用手上，既有縱勁，上下虛實變化，背有挺勁，又有靠勁，在拳術上打法肘要圓滑，足有進退分明，身斜要有靠背支力，變化45度打法，總而言之，神在你眼上，背、腰、肘、手、足用上中下三盤手法去變化。

四、形意拳練法注意的問題

（一）打拳時注意哪些問題

首先注意「武德」，不能隨意傷人，尊師愛弟，既要敬老，又要尊小。

①在沒有打拳前首先將大小便解走。②做準備活動。③練拳時氣穩合順。④打拳不要隨意吐痰。⑤咽喉腫痛不能打拳，以免「轉病」。⑥牙疼不能打拳，以免「轉病」。⑦頭疼、頭暈不能打拳，以免「轉病」。⑧口鼻生瘡不能打拳，以免「轉病」。⑨暴發火眼不能打拳，以免「轉病」。⑩精神不振不能打拳，以免轉病。

有眼病不能打拳，好後再打拳。如頭疼、頭暈，打拳腳足直接有震你的頭部，引起你頭疼與頭暈，轉病。又如，流感，你打拳時全身發冷，如發燒四肢酸懶，咽喉腫痛等，引起氣管炎，轉病等。

以上情況，如果打拳一動時，會引起你全身轉病等病態，此外，雷電、大風、霧天不能打拳，要特別注意。打拳平時擇練動法，是為了全身的舒暢開拓，而避免得急病症和慢性病症。

（二）打完拳後的注意事項

①不要停留穩坐。②「走動」鬆散全身五火。③如有汗中之水，不要風吹雨打，以免急冷造成發燒。不要急著喝水。不吃冷食。不能吃酒。不要氣怒。不吃過飽。

（三）內外功十八傷

①久視傷精；②久走傷筋；③思慮傷脾；④過悲傷肺；⑤喜極傷心；⑥久聽傷神；⑦久臥傷氣；⑧暴怒傷肝；⑨至飽傷胃；⑩多驚傷腎；⑪久坐傷脈；⑫久立傷骨；⑬多笑傷腰；⑭多言傷液；⑮多唾傷津；⑯多汗傷腸；⑰多淚傷血；⑱多交傷髓。

如知道內外十八傷，習武長練可以袪病延年。

五、知三害

（一）拙　力

在練拳時，練出拙力就會四肢全身血骨、血脈均不能暢通，經絡不能舒暢，全身發拘，手足均不能活潑，身為拙氣所滯，滯於何處，何處易生病。

（二）努　氣

在練拳時，如努氣（也叫努力），這樣就太剛，太剛易折，這是人們的常識。胸內氣滿，肺部就為氣所排擠，久而久之，就要氣滿炸肺，氣沖於眼，輕者眼花，重者失明。

（三）提胸鼓腹

在練拳時，若挺胸鼓腹，氣就逆上升，丹田得不到氣，這樣雙腳沒根，好似水中浮萍之草，無根柒地，與人

對擊時，就像氣球一樣，一擊就倒。所以練拳不重視三害，周身百官必失其位。重視三害，才能力活，氣順，心靈而丹田得氣，這樣久練，功到自然成，才能達到出神入化之妙境。

（四）要想三害不侵身，知三節在人身

要想三害不侵身，達到健身長壽和攻防之效，就要做到三節合一（也叫活三節），必須懂得活三節的重要性，習武之前必須首先做到活動三節，做準備活動，周身各筋骨有提前的預防感，防止在練拳時因沒做準備而某些筋骨損傷。

首先講人身三節：上頭為梢節，在外為頭，在內為泥丸；中脊為中節，在外為脊背，在內為心；下腰為根節，在外為腰部，在內為丹田。手為梢節，肘為中節，肩為根節；足為梢節，膝為中節，胯為根節；頭為梢節，身為中節，足為根節。

總而言之，如梢節一起中節相隨，根節相催，隨動不論在練拳和技擊時都是這樣，人的周身無不具備三節骨骼和筋絡都是靈活敏感的。人的體態能完美的動作，三節缺一不可，有三節，自虛無生一氣，從一氣產生陰陽。

六、明四梢

人身有四梢，它代表了人的外貌精神，可看出習武之人精神飽滿，體格健康之外表。人的四梢是：血梢，筋梢，骨梢，肉梢。

1.人的頭髮為血梢：

「屬心」，心一怒而氣就要生，氣沖血就動，血液加速流動，人的精神勇猛，頭髮雖然微小怒起能衝冠，氣足血充，力量能推山。

2.指為筋梢：

「屬肝」，手指、腳趾功能是手抓足蹬，氣力才能倍增，手腳能生奇功。

3.牙齒為骨梢：

「屬腎」，化精充填骨髓，骨堅實牙齒才能堅硬，保護牙齒的關鍵是，最忌冷和熱，如吃飯或喝水，不能過於太熱或太涼，一冷一熱就要損壞牙齒，過酸過甜過硬也是傷牙的根源，牙齒保護好，年老是一寶。

4.舌為肉梢：

「屬脾」，脾醒舌才靈，脾胃健，土生肉長田氣壯，周身肌肉成金強，人的內臟才充實。

七、內三合與外三合（也叫六合）

(1)心與意合，意與氣合，氣與力合，為內三合；手與腳合，肘與膝合，肩與胯合，為外三合。內外合一就叫六合。

(2)左手與右腳相合，左肘與右膝相合，左胯與右肩相合，再反過來講，右手與左腳相合，右肘與左膝相合，右胯與左肩相合。

(3)眼與雙手合，雙手與身合，身與雙腳合，心與眼合，肝與筋合，肺與皮合，腎與骨合，脾與肉合。人的全

身內外都要合順,全身各處都要相合,一動全身以動,一合全身都合順,達到五行百骸均相合。

(4)特別注意內三合。內三合能堅實腑臟充實力量。心與意合,而是得到人的意念,要和意識高度相統一,沒有一點雜想。不論在靜坐時或站樁時,都把雙眼似閉不閉,思想集中,要意識到底,氣從腳的「湧泉穴」升起,引至「尾宮穴」,沿督脈至「玉枕穴」直至「百會穴」,用意引導氣運行周身。

意與氣合,而是得到人的意領氣,氣隨著人的意念而去活動,氣是人自身活動量大小內運行的氣,而隨著肺呼吸節奏在體內環行。氣與力合,而是人得到的用哼哈二氣來配合的發勁,哼哈二氣就是用氣來支配的突然爆發力,這氣是周身的勁。

以上講的內三合,初學者不能用粗暴的哼哈二氣來練,而是用細、慢、悠、緩、勻的一招一式練習「內三合」,久而久之,才能收效,否則就要三害侵身,切記!招攔格架合順去變化,而不失重心,擇練的源泉內三合,而動作飽滿。

八、八字秘訣

形意拳練法必須具備八字秘訣,才能練出正果,達到出神入化,使三害不能入侵也。我們可想而知,練形意拳者,這八字秘訣是何等的重要,也是形意拳獨特的秘不外傳的絕技。

八字秘訣因為是歷代形意拳老練家經過長期實踐,才

一代代的傳下來，並很少人得知其詳，所以我們為了練好形意拳，達到健康長壽，百病不侵，又能提高技擊水準，就必須認真地學習體驗，才能深知其奧妙。

八字秘訣講的是：頂、扣、圓、敏、抱、垂、曲、挺。八字秘訣一字再分為三法，故稱二十四法。

1.講三頂：

頭頂（百會穴），有沖天之雄，只因為是周身之主，上頂時，後三關易通（督脈穴），腎氣也隨之上升達「百會穴」（也叫泥丸宮），能修身養性；手掌指外頂，有推山之功能，則氣貫周身，力達到四肢（雙手雙腳）；舌上頂，能導引腎氣上升，而下行氣入丹田（接通任督二脈），達到大小周天之氣的循環，也是長壽之寶，在出聲時有吼獅吞象之容。

2.講三扣：

兩肩要扣，前胸空闊，氣力到肘；手背、腳趾要扣，氣力到手，腳的樁步雄厚；牙齒要扣，筋骨縮。

3.講三圓：

脊背要圓，其力催身，尾閭中正，精氣神一直貫頂；前胸要圓，呼吸自然通順，勇猛外宣；虎口要圓，手有裹抱之力。

4.講三敏：

心要敏，如狸貓逮鼠，能隨機應變；眼要敏，如饑鷹捉兔，能洞察時機而巧進；手要敏，如餓虎撲羊，能先發制人。

5.講三抱：

丹田要抱，抱丹田氣而不外散，擊敵必準；膽量要抱，遇敵有主，臨危而不變色；兩肘要抱肋，出入不亂，遇敵化險為夷。

6.講三垂：

氣垂則氣貫丹田，身體穩如山；兩肩下垂則臂長而靈活，肩催肘前；兩肘下垂，則兩肱自圓，能堅固兩肋。

7.講三曲：

兩肱曲，似弓又像半邊月，力就富；兩膝曲，膝曲如半月，力就厚；手腕曲，曲如半月，力就緊湊，能伸屈自如。

8.講三挺：

頸項挺，使頭部正直，才能精氣貫頂；腰挺，能力達四梢，丹田氣貫全身；膝挺，氣恬貫根，如大樹生根。

以上二十四法學者一定要逐項細研為要。

九、調節呼吸

正因為形意拳是內家拳，所以對呼吸之氣非常之重視。呼吸是以心、腎相交，一呼百脈全開，一吸百脈全合。呼吸之法有三種（三步道理），初步呼吸是練拳術之準繩，呼吸任其自然，也叫練精化氣之功。二步呼吸有形於內，注意丹田，名叫「調息」，也叫氣化神之功。三步呼吸是心腎相交，無形無象，綿綿若存，似有非有，無聲無息，名叫「胎息」，也叫練神還虛之功。這就是呼吸三層道理。如下講三種呼吸。

1.自然呼吸：

在練拳時，「舌頂上膛」，不改變原來的呼吸形式，也不進行呼吸的調整，達到呼吸自然。

2.逆呼吸（也叫調息呼吸）：

吸氣時用鼻子吸，舌頂上膛，腹部內縮，膈肌收縮下降，胸部擴張；呼氣時腹部慢慢隨氣外突，膈肌舒張上升，胸廓回縮，在外形上配合密切。

3.胎呼吸（也叫練神還虛）：

古人認為，胎兒在母腹中，是借助臍帶和胎盤來吸取母體中的營養和氧氣，以供胎兒的生長和發育，實際上是一種內呼吸的形式，所以叫「胎息」。習武之人透過胎息，使呼吸達到細緩，深長，只覺呼吸由內腹出入綿綿，鼻息微微，很像母腹中胎兒的呼吸形式。胎息也是呼吸鍛鍊的結果，是調節呼吸達到最高深程度的象徵。

十、練拳三步功夫

形意拳術有三步功夫，即明勁、暗勁、化勁。

1.明勁：

在拳法上是伸、縮、開、合之式，是有形於外。

2.暗勁：

在拳法上是功轉神速，動就變，變就化，而變化神奇，有形內功。

3.化勁：

在拳法上是無形無象，不動而變之，此是神化。

這是三步功夫，是練拳術的根本，也是練形意拳的道

理和真訣，也可以說是長壽之道。郭雲深老先生更具體講三步功夫，即易骨、易筋、洗髓三經典（也叫三步功夫）。

(1) 易骨是明勁：

練拳時身體動轉必須順遂，不可悖逆，手腳起落必須整齊，不可散亂，是築基礎，壯體格，充實骨髓，堅如基石，如山岳之狀，這是氣質的形容，也是初步功夫。

(2) 易筋是暗勁：

練拳時，神氣圓滿，拳式綿綿，舒展運用活潑而不滯，此為長筋騰膜，全身內膜伸展縱橫聯絡，以生出無窮的力量。這是第二步功夫。

(3) 洗髓是化勁：

練拳時，周身動轉，起落進退，伸縮開合，均不可用力，要將「神意穩藏在祖竅之內」，身體靈活不滯，拳像行雲流水，似連似斷，忽隱忽現，心中空空洞洞，如無物而來養靈根，這是第三步功夫。

郭雲深老先生把形意拳分為三步功夫，對形意拳既是理論指導，又是實踐的依據。他把三步功夫做了精闢的論述，至今也是我們學練形意拳的指導方針。

4.對三步功夫的理解和體會：

第一步功夫叫「明勁」。

從這兩個字我們分析，「明」就是明顯而且能看出的勁，按現在也應稱為基礎階段。初學形意拳者，重點把基本功先練好，這樣才能一步步走向正規，不至於出現偏差（即三害），也正像初學練書法一樣，要一筆一畫地練字，首先把站椿練好（即為三體式）是形意拳非常重要的

入門功夫，此步功夫要領即：活三節，達四象，內外三合和八字秘訣，要周身上下合一，三尖相對（即鼻尖，手尖，腳尖成為一條直線）。透過站樁，使周身力量增長，同時也使周身各部位的素質得到了提高，稱為基礎階段。如外壯肉，內壯骨，也是為進一步練好形意拳打好基礎，也叫「達摩易骨經」。

第二步功夫叫「暗勁」。

按現在稱為有勁內含。有了第一步功夫基礎，再不斷刻苦練習，上升為「提高階段」，在這個階段的鍛鍊重點是動作靈活，不論每個拳式都要七體具備（七星）。如頭、肩、肘、胯、膝、腳、手相互配合，彼此呼應，周身一體，不滯不散，打拳時可快可慢，拳式斷而進連，達到千變萬化，形成綿綿不斷的氣勢；並剛柔相濟，含而不露，似「行雲流水」。從表面看好像比第一階段力量減弱了，而實際內含力量，這樣才能提高身體的靈敏性，反應快，在八字功上有明顯的表現。

八字功即：斬（劈拳）、截（鑽拳）、裹（橫拳）、胯（崩拳）、挑（燕形拳）、頂（炮拳）、雲（鼉形拳）、領（蛇形拳）。

郭雲深先生稱其為：「神氣舒展不拘運用要圓活而不滯，練之以騰其膜，以長其筋，其勁縱橫聯絡，生長無窮。」也叫達摩易筋經。

第三步功夫叫「化勁」。

按現在稱為「形神合一階段」。化勁功夫，是在前兩階段的基礎上而形成的，不論在意識和動作上，均是高度

反映出來。在練拳時不要被形式所拘束，身體在運轉上輕如羽毛，內臟清虛其心，達意領身隨，意到手就放。這個階段重點是「意」的方面多，「形」的方面少，全身一點拙力均無。在輕鬆柔和的練拳中，能夠用意隨時調動，全身各部位高度集中，無人似有人，有人似無人。特別是內三合的「意、氣、勁」的三合一，所發出的勁，可達到隨心所欲。

以上三個階段是由基礎到熟練，再上升精巧，這是逐步鍛鍊成熟的，所以在練拳時，一定嚴格要求，刻苦練功並細心領會各個要領，天長日久才能得到精華。其中的奧妙，只有自己切身體會才能得知。

古人云：只要功夫深，鐵棒磨成針。拳經云：武藝雖真，竊不真，費盡心機枉勞神，祖師留下真妙訣，知者傳授要擇人，精養靈根氣養神，養功養道見天真，丹田養就壽命寶，萬兩黃金不給人。

十一、七體和十四處打法

形意拳以七體擊打他人，七體是指：頭、肩、肘、手、胯、膝、腳。拳經云：「足踏七星」，是以連環步法來進退，每一動作都要頭、肩、肘、手、胯、膝、腳七體具備，缺一不可。

十四處打法，即十四拳之用。頭為一拳，左右肩為兩拳，左右肘為兩拳，左右手為兩拳，左右胯為兩拳，左右膝為兩拳，左右足為兩拳，尾閭為一拳（或稱背尾為一拳），共計十四拳。

形意拳經七星歌訣

打法定要先上身，手腳齊到才為真，
拳如炮形龍折身，遇敵好似火燒身。
頭打起意站中央，渾身齊到人難擋，
腳踩中門奪地位，就是神仙亦難防。
肩打一陰返陰陽，兩手只在洞中藏，
左右全憑蓋勢取，縮伸二字一命亡。
手打起意在胸膛，其勢好似虎撲羊，
沾時急用須展放，兩肘只在肋下藏。
胯打陰陽左右變，兩足交換須自然，
左右進取宜劍勁，得心應手敵自翻。
膝打陰部能致命，兩手空晃繞上中，
妙訣勸君勤習練，強身勝敵樂無窮。
腳踩正意勿落空，消息全在後腳蹬，
蓄意須防被敵覺，起勢好似捲地風。

十二、八字功

　　八字功是形意拳中的套路之一。拳經云：五行為體，八字功為用。透過八字功的鍛鍊，不僅能強身壯體，而且能夠增長實踐之技巧。八字功是：斬（劈拳）、截（鑽拳）、裹（橫拳）、胯（崩拳）、挑（燕形拳）、頂（炮拳）、雲（鼉形拳）、領（蛇形拳）。

　　拳經云：「起手鷹捉是真傳，鉤掛之中把敵斬，上步橫肘是截意，肘胯雙行側意猛，金雞架上挑意翻，白鶴

亮翅換步頂，雲領式中腿相連。」這八字功充分運用了七星打法，是頭、肩、肘、手、胯、膝、腳七個部位，體現了七種拳式，形成處處是拳，處處可發拳，剛柔相濟，虛實變化的變動，使敵難以招架。這八字功突出一個「快」字，正如拳經云：「拳打三節不見形，如見形影不為能，能在一思進，莫在一思存，能在一氣先，莫在一氣後。」與敵爭鬥時，如猛虎出洞，急如剪刀剪布之快。

拳經云：火警物必落，磨經磨脛意氣響連聲，起是虛落是打，起亦打，起落如蛟龍之翻江倒海，其勢不可擋，這樣才叫「起落」二字也。進退時進步要低，退步時要高，進退不是枉學藝。雲手應是：起如風，落如箭，起手如閃電，打人如迅雷，起要無形，落要無蹤。在與敵實戰時，要腳踏中門，近身短打，一動即至達「心要佔先」，步要過人，拳去不落空，起落不見形，近了用膝肘打，遠了用腳手，再近用肩、胯、頭，更近用牙咬，這也是體現了形意拳之長：達、近、快、猛、狠。學拳要達到這種地步必須苦練「斬、截、裹、胯、挑、頂、雲、領」八字功。達到功（巧妙）、順（自然）、勇（果斷）、疾（快速）、狠（不留情）、準（打必擊中），所謂六方（六方是六猛），連成六方是六合的內外合一。

十三、泄五火

（一）內臟五火

內臟五火指：外形是劈、崩、鑽、炮、橫，內臟是

心、肝、脾、胃、腎。五火者，習練內家拳均以氣養神，以意領氣，練完後，五火不放，上沖頭頂，必須引導（由心火導腎水內）水火相濟，人才無疾病。

五火不放，長久下去，雙眼昏花，頭昏腦脹，心中發悶等。五火放出，頭清腦醒眼明亮，心氣平順。

（二）放五火要領

在練拳收式後，雙手臂左右伸開，雙腳並齊，面朝正東或正南，兩手如托千金之物慢慢上升（手心朝天）。同時緩慢上升雙手時，拔腰，直腿，雙腳跟離地，呼吸同時也跟著緩慢吸入，到雙手過頂為止，這時氣已吸滿。然後再緩慢雙手心朝下，呼氣慢慢從頭頂向下壓到丹田為止（氣沉丹田），身體曲蹲，這時雙手變拳，停在丹田處，而後慢起身，到立正為止。向左上方上翻雙眼，直到雙眼不能再向上翻為止，但不許仰頭向上翻，要頭頂頸豎，自感有一股冷意，從左眼向右眼在循環，從後腦海導引到腎內，再從腎內排入膀胱，變尿排出體外（五火排除）。這時雙手繼續為拳，雙搭在丹田之處（為抱丹田），後來回走動，眼平看遠方，去散五火慢慢走2～3分鐘為止，每次練完必須放一次五火。

十四、上下搭橋（也叫鵲橋）

（一）上下搭橋

道家內丹術中講，人的身體有兩個部位在嬰兒一降生

後任督二脈就已經中斷，在二脈之間連接的地方，稱為
「鵲橋」。上鵲橋是：「印堂穴」（兩眉之間），鼻竅處一
實一虛。在大小周天的精氣運轉時，任督二脈上運轉，
當精氣通過銜接地方時，要防止走漏（精氣外泄）。上鵲
橋的走漏主要是從鼻孔垂下兩條白色黏液般的鼻涕，稱為
「玉柱雙垂」。

防止辦法：在每次練功戒怒（平常也戒怒），心情要
愉快，當練功中精氣到印堂處時，要舌尖緊貼上齶，引導
下來。下鵲橋是：尾閭（肛門）處，也是一虛一實。當大
小周天的精氣運轉時，下橋走漏是出現虛功，所以在精氣
通過穀道（肛門）時，要凝一凝，再穀道內提，將精氣引
導過去。練形意拳時，上下橋一定要搭上，任督二脈相
通，百脈皆通，人體百病皆無，久而久之，內中之妙是用
文字無法形容的。

（二）唾液（也叫玉液，金漿）

練拳時，上橋一搭，久而唾液產生，這是寶貴的精
華。古人給唾液很多的美稱，如金漿、玉醴、甘露、醴
泉、自家水、玉液等。古人云：人的舌下「旋鷹穴」處有
兩竅，左為金漿，右為玉液。當精華經過玉池（口腔）的
時候，這兩竅處所分泌的唾液，能開通八脈血液，使顏色
生光金玉，澤達齒堅，頭髮黑也。金漿是指大周天過程中
所產生的唾液，道家認為這是腎水中的精氣上升之緣故，
如果按五行來講：金生水，金為水之母，它蘊藏在腎中
（丹田中），在大周天中，可以隨精氣的運轉而上升至玉

池（口腔），才化為甘甜的唾液，這種唾液對身體來講，更超過玉液。當玉液或金漿增多時，稱「津液滿口」，先微漱幾遍，再徐徐以意念導引至「重樓穴」（食管），經過「膻中穴」（兩乳之間）、「雞尾穴」（劍突下）、「中脘穴」、「神闕穴」（肚臍）至「氣海穴」（下丹田）止。在下嚥唾液之時，最好是閉目內視，好像看到它在下降時經過穴位一樣（用意會引導），這種唾液是練功時產生的，而又咽回丹田，它與一般唾液是絕對不一樣的，所以這個名稱叫玉液還丹田或金液還丹田。

如果練拳口津液少，可用舌頭在口腔內攪動（名叫赤龍攪玉池），津液自然生出。

十五、練功時刻對照表

練功的目的是健身防身。我國是武術發源地，經過幾千年的實踐，各代習武老前輩們給我們留下了寶貴的經驗，至今相傳，如每天按照時刻練功（這是順天意），對人體內臟起著重要的作用，參照時刻練功，對某一個內臟部位有一定的保養與健身長壽的好處。下麵是時刻對照表：

子時：（23時至1時）練走膽經絡；

丑時：（1時至3時）練走肝經絡；

寅時：（3時至5時）練走肺經絡；

卯時：（5時至7時）練走大腸經絡；

辰時：（7時至9時）練走胃經絡；

巳時：（9時至11時）練走脾經絡；

午時：（11時至13時）練走心經絡；

未時：（13時至15時）練走小腸經絡；

申時：（15時至17時）練走膀胱經絡；

酉時：（17時至19時）練走腎經絡；

戌時：（19時至21時）練走心包經絡；

亥時：（21時至23時）練走三焦經絡。

以上是每天24小時，分為12個時辰。我們內臟某個部位弱或有病就按照此表對照，堅持練習久而見效。關於三焦在腑內分為上、中、下三焦，也就是腑內叫上脘、中脘、下脘。上焦：「心肺」；中焦：「脾胃」；下焦：「肝腎」大小腸膀胱。

十六、講丹田

胎兒在母腹中得先天之靈性，依賴臍帶以通任督二脈，而循環不息，嬰兒出母腹後，臍帶被剪斷，任督二脈隨隔斷而不相通了，人稟父母之一點先天之氣，而落入臍中，才成為先天之氣，而修煉內功之人，意守丹田就是意守此臍中一點先天之氣，使先天之氣與後天之氣和調起來，名叫陰陽（也叫水火相濟），來貫通任督二脈，以達到增強「新陳代謝」、倍增真氣的作用。

所以修煉內功者的意守丹田並非是針灸經絡所說的臍下三寸之丹田穴，而是臍內三寸的所在地方。丹田活動的範圍是從後「命門穴」內三寸與前「命門穴」（神闕穴）內三寸，將此兩點連成一橢圓形，此橢圓形就是丹田，丹田為歷代內功家意守之所在。

第四章　形意五行拳之講義

一、五行拳為形意拳之根本

　　五行拳為形意拳之根本，稱為形意拳之母拳，在練拳時，是內外兼修，每一個動作都要調整呼吸，轉化陰陽，無不發揮氣與力的關係。現將五行拳做一介紹：

　　開式：先將身體面朝東或朝南而立，面向站立以靜而動，兩手下垂，兩腳成90°姿勢，眼向前看，半邊面向45°角，不可前栽後仰，不可左歪右斜。打拳且心意者心之所發，而萬物形與外，內外總是一氣。五指自然分開，虎口要圓，掌心內含成球面狀，而口似閉非閉，心空如無物（即腦不思慮），舌頂上膛（通天搭橋）。以上動作名為順天地自然而化生之道理。此式是練拳起點，必行之道，也叫無極式。將無極式半面向左轉，左足跟靠右足裡脛骨為45°之姿勢。同時身體下沉，腰挺，頭頂，眼向前平視，丹田抱勁，但氣和而流（呼吸自然）。提肛如忍糞狀。以上姿勢為「虛無含一氣」。（見圖4-1）

二、兩儀生四象

　　兩腿曲蹲，右足不動，左足向前直前進步，兩手由

兩胯旁上提至腹前隨足進時，向外擰勁，擰成陰掌，如托
物之式，順胸上起，左手在前，右手在左手肘前腕後，眼
看左掌中指指尖，名稱「雞腿、龍身、熊膀、虎抱頭」。

雞腿：踏地，取單重的力量平均點。龍身：塌身坐
胯，身曲三折之式。熊膀：頭頂項豎之勁。虎抱頭：兩手
相抱，似猛虎出洞之勇意。（見圖4－2）

三、兩儀合三才

兩足不動，兩肱推出以至極度，同時兩手腕向下翻
勁，成為半陰陽掌，左手往前推翻時，右手回拉至下丹
田，成半陰陽掌，兩手大拇指虎口圓開，兩肱曲伸，似直
非曲，眼看左手食指尖，兩肩鬆下垂，兩胯塌勁（肩與胯
合）。兩肘垂勁，兩膝合勁（肘與膝合）。兩腳趾扣地，兩
手五指伸勁（腳與手合）。為外三合。

圖4－1

圖4－2

再而言之：肩催肘力，肘催手力，腰催胯力，胯催膝力，膝催足力，這樣在人的外形上是周身合一。要求達到「看斜似正，看正似斜，陰是陽，陽是陰，陰陽相合」，這就是三才。

三體者，頭部，腰部，足部。拿人身來講，頭頂「百會穴」，頂天為天才。人雙腳踩地，腳掌有「湧泉穴」，在站

圖4－3

椿時，十指扣地，胸內平順，萬物源於土，而土生萬物，所以雙腳扣地站立，為地才。從人手為人才取中。這樣合稱為「三才式」。

三才式是練習形意拳的基礎，所以，式式不離三才式。（見圖4－3）

四、劈拳講義

劈拳屬金，是陰陽連環成為一氣，之起落氣一靜，故形象是太極，氣一動而生物，其名為橫，橫拳屬土，土能生萬物，所以此拳內包四拳。

若按五行循環之數，土生金，所以先練劈拳，按人的五臟而言為肺。所以劈拳練順變，就能肺氣合順，氣和人體強壯，如練謬就要肺氣乘，氣乘人的身體弱，所以初學形意拳者不可大意。

（一）劈拳行氣與力

在前手上鑽時，手起初的動作而起，手起氣也起，由動而直上叫鑽，這時要吸氣，「提肛如忍糞」（也叫穀道內提），前陰縮，兩肋漲，內氣自腳的大拇趾外側的「大敦穴」沿著大腿內側直上，至「中焦穴」轉入肺經，再上至耳後「高骨穴」（也叫玉樓穴），而再上達頭頂「百會穴」，所以要頭頂豎項，這樣才能領其氣。

在鑽時，其勁為豎鑽之後，拳稍扭變為橫勁；當拳從口下扭至拳心朝上時，即為落，其勁也轉變為豎勁，隨之內氣也自肺經出肩上的「中府穴」和「雲門穴」，再沿臂內側下行，與掌劈落之同時，直貫大拇指端的「少商穴」和食指端的「商陽穴」。這時「百會穴」之氣則下降至鼻和喉，至脊背，再由「俞口穴」前胸而歸於丹田。所以在掌落劈之同時，虎口必須張圓，兩頷要含著向前用力以助氣下降，這時以三才式定立之後，是龍蟄虎伏，其氣潛於丹田之中。

拳經云：「劈拳高舉出雲門，肺葉舒張氣暢伸，少商指引意中氣，修殘補缺效如神。」起為鑽，落為翻，起為橫，落為順，起如摘子，落如墜子，起如鋼銼，落如鈎竿，這是走勁。劈拳勇猛不可擋，斬削取面擊中堂，這是打擊對方。

劈拳的力點：

要知道力點、支點、重點，運用的不同方法。一是按力（往下劈的力），二是提力（往前推力），三是催力（向

上的力）。人在只受其一個力打擊時，是不易跌倒的，而
受這三個力的打擊時，能跌出很遠，這是因為人在受到按
力時，會被向下的壓力迫使其下蹲，後移中心下降，身體
自然地平衡力很小。這時再給催力，雖然人的本能會用步
抵抗催力以保持平衡，然而重心變化的下降使其腿受到壓
力，負擔加重，退步不能靈活自如，所以來不及用退步保
持身體平衡，跌倒已經是不可避免的，再給以提力就必然
跌出很遠。劈拳這三個動作中，三個力是非常緊湊的，揉
合一起，瞬間發出，使人防不勝防。

（二）劈拳練法

1.起點三體式，先將左手往下回落到丹田氣海處（俗
名小腹），兩手同時握拳，兩拳心朝下，左右拳食指尖相
對，相距離二三寸，兩拳眼靠住腹部，兩肩要沉要扣，
胸要圓，兩臂成弧形，丹田抱
勁，頭要頂勁，屈膝坐胯，眼
平視前方，其式如圖4－4。

2. 左腳向前墊步，腳尖外
撇約45°，膝部前屈，重心移
於左腿，右腿後蹬，似直非
直；同時左拳經胸前由下頜處
向前徐徐托出，如托物向前鑽
出，路線走弧形，拳心向上，
中指握住「勞功穴」，臂要彎
曲適度，拳高與鼻尖平，右拳

圖4－4

不動，眼看左拳，其式如圖4－5。

3.接上式，右腳向前一步（向前趨步），腳尖向前，重心仍坐於左腿成三體式；同時右拳經胸前由左臂窩處變掌從左拳虎口處向前劈出，掌心向前，肘部微屈，左拳隨之向內翻轉變掌下落於腹前，拇指緊靠肚臍略下部位，眼看右掌食指，其式如圖4－6。

換式，左右式動作相同。

（三）劈拳回身

劈拳打到前面一定的地方時，就要回身，往原處（起式點）打拳，一定要在出左手和左腳時（也就是左手和左腳在前），才能回身，因為這樣取天地之自然規律而練拳（以後崩、鑽、炮、橫這四拳，在回身時也有具體之說法）。

先把左手和左腳同時扭回，左手靠在左肋之處，兩

圖4－5

圖4－6

手變為陽拳，手背朝上，左手右手食指尖相對，相距離三寸之遠，而左足尖回扣與右足尖相對，這時左右足跟，各向外扭勁（十指扣地），提肛如忍糞，塌腰，頭頂，舌尖，頸挺，兩肩相扣（不露形），含胸，左右手的小指用力向上翻勁，雙膝緊扣襠，眼平看前面，心空呼吸自然，「穩後」再開始出右拳右腳；向右扭身

圖4－7

的同時出右足，為橫腳一大步，右手從下頜用含勁徐徐托出去，如托千金之物向前鑽出，然後左手從右手上劈出去，並同時上左步為三才式。其式如圖4－7、8、9。

圖4－8

圖4－9

圖4－10

（四）劈拳收式

打到起點位置，左手左腳在前，向後轉身；同上式劈拳回身，再打出劈拳左式，其式如圖4－10。

2.上式不停，左手掌不動，右手掌 直向左胳膊下端穿出，兩手腕相交，同時兩手均朝外開勁，至手心均朝上，後兩手變拳，如螺旋形狀，拳心向胸內，雙臂屈回向身體右側轉腰拉回，其式如圖4－11、12。

3.此式不停，在向身體左側轉的同時，兩拳心向裡翻

圖4－11

圖4－12

轉向下，由胸內前撞出。肩向下沉，丹田抱勁，頭要頂勁，眼平視前方，其式如圖4－13。

4.右足向前與左足靠攏，同時雙臂屈回胸前，然後輕緩垂於身體兩側，身體隨之站穩，仍傾向於前方，其式如圖4－14。

以上介紹的是定步劈拳的練法，初學階段應先練定步的練法，有了一定基礎再練習跟步練法，其動作要領與定步練法相同，唯落步時後腳向前跟步，而後再練習活動練法。五行拳劈、崩、鑽、炮、橫三種步法練法相同。

五、崩拳講義

崩拳性屬木，取身體內屬肝，此拳的性能是一氣循環往來勢如連珠箭，所以崩拳屬木也。崩拳練順，則肝舒氣平，養心神，增筋力，無眼病和腿病之患；如果崩拳練

圖4－13

圖4－14

逆，則傷肝，肝傷則兩眼昏花，兩腿痿痛，一身失和，心火不能下降，拳也不得中立地步也。

（一）崩拳行氣與力

崩拳起意在蹲，擰目豎項肝氣神，左右連珠輪番進，消息一動定乾坤。崩拳之動作與體內肝經相呼應。起於大腳趾的「大敦穴」，沿著大腿之內側而上，轉進「會陰穴」，再達到於肝臟。至胸部而匯肺經，其分支上達於眼，再而轉至「百會穴」，所以肝開竅於眼。在練崩拳時，要努力瞪眼，蹬後足十趾扣地，頭頂豎項瞪眼，才能使肝氣暢通，直貫雙眼，達到舒肝明目的目的。

在勁路上，起於腳跟，尾後大筋極力要直，前腿躬膝，其勁力沿大腿上夾脊，布於兩膊，沿臂下直貫到「小商穴」和「商陽穴」，這是一條直線。所以出拳時一定要兩肘擦肋而出，拳達平直而去，式如中平槍。

昔日尚雲祥先生的棉襖的兩肋處總是露著棉花，就因為打崩拳時而磨破的，崩拳之勁貴直、貴速，宜猛不宜遲。拳經云：「警起四梢，火機一發物必落，磨經磨脛意氣響連聲。」

但崩拳在平時演練時不論練內功或走架，均不能快，宜慢（這是為了配合內呼吸，也是內三合與外三合合一也），崩拳每打一式，鼻中是一吸一呼，內氣是一起一伏，走一個小周天。

走一個小周天是：先從「會陰穴」過「命門穴」，上達「百會穴」，下走「印堂穴」（這是督脈），再沿任脈

而回丹田。在呼吸時要舌頂上齶，由「承漿穴」開始接通任脈和督脈的起點。在呼氣時發力、降氣，可以口鼻齊呼。祖父李漢章先生曾說：「要有哼哈二氣相隨」，但不要勉強出聲，練之日久，自然力發聲，手落聲落，而拳順力平，拳打護心齊。

昔日郭雲深先生講：雞腿、鷹爪、龍身、熊膀、虎抱頭，雷聲，崩拳練之久，聲來源於丹田，去聲如雷也。

崩拳在對擊中，運用如使槍，有裡合手、外合手、上挑、下砸和裡、外搖手崩、順步崩、拗步崩、進步崩、退步崩等。崩拳要打一條線，束身而進，身子就像從一條狹縫中硬擠過去一樣，然後渾身一齊伸，力由丹田而出，拳經雲：身有手準腰似輪，氣如火藥拳似彈，機靈一動鳥難飛。

（二）崩拳練法

由三體式變崩拳，左右手同時將拳握緊，如螺絲形。左腳先開一小步，右腳跟進左足，左足順直，右足斜橫，右腳裡端與左踝緊靠，重心仍坐於右腿，兩腿曲蹲坐胯；同時右手靠著肋向前，從左胳膊下相離寸許伸出直去，拳眼向上，左手同時拉回靠往腰部左側，拳心向上，眼看右拳。起落時，兩手俱齊，無論左手或右手在前，高低均要與心口齊，兩手往來，力量均衡，身子看正是斜，看斜是正，其式如圖4-15。

2.左腳再繼續向前進步，右腳向前跟進（**拳法與右崩拳相同**）；同時左拳順著右臂下端直向前打出，拳心向

圖4-15　　　　　　　圖4-16

右，右拳拉回，靠往腰部右側，拳心向上，成順步崩姿
勢，眼看左拳，其式如圖4-16。

再換式，左右動作相同。

（三）崩拳回身

崩拳回身時，左手在前，才能停住（*左足在前，崩拳
左足一直在前，右足後跟步*），將左足向回扣步，身向右
後轉體；同時左拳上揚過頭頂，從頭上往回向下拉至胸
前，在左手下拉時，同時提起右拳從左手裡側往上鑽出，
拳不高於鼻尖。

右腳提起前蹬，高於胯平，同時左拳再從右拳下向前
崩出，右拳拉回靠在右腰側；右腳再向右前落步，成三體
式，同時兩拳變掌向前撲出，掌心向前，虎口相對，眼視

圖4-17

圖4-18

兩手當中，其式如圖4-17、18。

（四）崩拳收式

收式時，回到原起點處，仍回身打出崩拳式，同劈拳收式。

六、鑽拳講義

鑽拳性屬水，是氣之流通各處，曲折無微而不到也。如蛟龍突然出水，足底湧泉上翻，按人而講，屬腎，此拳快如閃電，形如突泉，所屬水也。

拳練順，則真勁長，腎足氣順；拳練逆，則拙力橫生，腎虛氣乖，清氣不上升，濁氣不下降，真勁不長，拙力不化。

（一）鑽拳行氣與力

鑽拳之氣走腎經，意一起而手就動，其氣自「湧泉穴」沿大腿後沿直上「腎俞穴」，出拳同時要以氣帥勁，以勁帶形，此拳以肘擊人，用勁在肘，肘要向自身中線裏擠，周身防護甚嚴，使對方無機可乘。在發拳時，其形從內，疾如閃電，其敏、速是令人難以預防的，鑽拳妙在一個字「唰」，就好像急如閃電之急。

（二）鑽拳練法

1.由三體式變鑽拳，左腳如劈拳墊步，遠近亦相同，同時前手扣拳，拳心向下，手臂成弧形，左拳心與左足上下相照，右手由臍部原處握拳，兩肩要扣，丹田要抱，頭要頂勁，眼平視前方，其式如圖4-19。

2.右腳由後蹬勁，跟進左腳不停，向前方開一步，兩足距離仍如劈拳成三才步；同時右手拳往上起鑽，由腹部鑽至胸前時，再順左拳手背相摩擦向前鑽出，當右拳在左拳上鑽出時，右拳變掌向前繼續伸出，掌心向上，手指向前，左拳由上往下落翻，拉回至臍部靠住，手背朝下，眼看右掌中指，其式如圖4-20。

再起換式，與右式相同，唯左右相反，如此左右反覆交替練習。其式如圖4-21、22。

（三）鑽拳回身

鑽拳回身時，一定要左手在前。在回身時，右手背擦

著右大腿的外側順式向下塌身（手心朝外），眼看右手，同時左手往回用陰掌扣圓至胸前變拳，左足也同時回扣90°，右足外扭，要下身坐胯，氣呼出來，再右手陽掌向

圖4－19　　　　　　　　　　圖4－20

圖4－21　　　　　　　　　　圖4－22

前，向上用斜直線穿出，繼而右手翻拳，右腳順步，像水翻騰之式，「唰」的鑽出去。其式如圖4－23、24。

圖4－23

圖4－24

（四）鑽拳收式

收式時，打到原起點處，左手左腳在前停住，回身打出鑽拳式，同劈拳收式。

七、炮拳講義

炮拳性屬火，是一氣之開合，如炮彈出膛，形最猛烈。按人身內臟而言屬心，其拳式順，則身體舒暢，氣和則心中虛靈；如果拳式練逆，則四體（指雙腿雙臂）呆板，所以學者務必要深研此拳。

（一）炮拳行氣與力

炮拳發自心經，起式便是急步，雙手一出一推，渾身汗毛孔捲緊，從雙腳下叫起真氣，而意在雙手小拇指，這樣心經之臟才能衝動起來，才能與心相呼應。左拳上挑時，其氣自腋下「權泉穴」，翻轉而上，沿著臂內側後緣直上，出於手小指端的「少衝穴」。而右拳平直打出，小指自然用力，其氣亦是自右腋下直貫手小指的「少衝穴」與中指端的「中衝穴」，右拳打出之同時進左足、蹬右足與之相應。十趾扣地，雙腳心空，使「湧泉穴」之氣，沿腳上升，與心經之氣合於前胸。心腎相交，而水火相濟，炮拳發力甚烈，如火藥爆炸。

在兩手握拳之時，雙肘要向裡裏勁，出拳時向上鑽挑之手，要旋轉著向上鑽。與此同時，又向前發勁。平出之拳如同拗步崩拳一樣，其勁與後腳的蹬勁相結合，肩要下沉而不要向前鬆，兩臂即要沉而不要開，又有裹之意，束身而進，帶脈橫纏，衝脈上下。其勁路比較複雜，一吸一呼，一蓄一發，最要緊的是，鑽進去擊人，發勁要整體近發，且不可遠發。

李漢章先生講：「相差謬毫，如差千里之遠。」炮拳的上架之拳，不是用力往外撥，而是用小臂的外旋（自轉）再加上腰轉的動作靈敏側旋，使對方被架之臂隨走了一個曲線，由於曲線運動中速度方向的變動，所以對方被架之拳就自然會被架往側後方，對方攻擊之拳就被破開了，「如以巧破千斤」。炮拳的打擊之拳也利用腰的側旋加大

了出拳的距離。

（二）炮拳練法

1.由三體式變炮拳，左腳向前上半步落實前弓，同時右手掌向右前方伸出如劈拳式，左手掌停在右臂肘內側，兩手與肩平，兩肘均往下墜，丹田後吸，頭要頂勁，眼平視前方，其式如圖4－25。

2.承上式不停，右腳隨著跟進左腳，貼在左腳踵後，右腳尖著地成雞形步，兩腿彎曲；兩掌同時由前方握拳往懷中捋回，捋至臍部兩旁，兩拳心均翻而朝上，相距離三四寸，兩肩下垂，兩肘抱肋，身體向右前方微斜，眼平視右前方，其式如圖4－26。

3.上式不停，右腳向右前方約45°角進一步，右腳要順直，左腳斜橫，如三才步；同時，右拳由懷中向上起鑽

圖4－25

圖4－26

至下頜再朝上鑽至頭正額處，極力朝外擰勁，擰至手虎口處向右額角貼近，小指向外，右肘斜下垂；右拳鑽時，左拳同時由心口向前方直出（與崩拳相同），左手拳與右腳上下相照，眼看右手前方，其式如圖4－27。

　　再換，兩拳變掌先將兩手腕均朝裡抱勁，經胸前下落，左手順右手臂劈出，其動作與動作25、26、27相同，唯左右相反，如此左右式反覆交替練習，次數自便。其式如圖4－28、29、30。

（三）炮拳回身

　　炮拳回身時，一定要左手、右足在前（為拗步）。出右手從左手臂的「外關穴」回轉拉到左手「內關穴」之處雙手變為陰掌，右手停在左臂「內關穴」處，同時右足向左扭扣180°扣襠，右足跟朝外扭勁，氣向腹內吸（逆

圖4－27

圖4－28

呼吸），雙膝相對，隨轉身雙手拉回，同時握拳停在丹田處，兩拳相對；左手拳向上鑽架，然後出右手拳，從左臂的「少海穴」打出去，左腳向前進一大步，右腳緊跟半步（拗步），同時把氣呼出去，再變打拳式，其式如圖4－31、32。

圖4－29

圖4－30

圖4－31

圖4－32

（四）炮拳收式

收式時，打到原起點處，仍然左手與右腳在前身向左轉，手足仍如前法回身相同，右手左腳打出時，左手向前向裡裹肘，右手拉回，而後與劈拳收式相同，參見劈拳收式。

八、橫拳講義

橫拳性屬土，是氣之團聚而又分散也。取人身來講屬脾，脾屬土，土生萬物，土吐則人的腑臟滋和，百病不生。拳式順，似土之復蘇，才能滋生萬物，人的五臟才能和藹，周身之氣才能灌溉；拳式逆，則氣怒力拙，內傷脾，五臟失調，人的外形似死土，萬物不生，所以此拳也是五行拳之主，習練者宜慎重而明思。

（一）橫拳行氣與力

橫拳之妙處是，在拗步斜身，以橫破直，練時要頭頂、豎項、沉肩、墜肘、含胸、拔背、塌腰、提肛如忍糞。在拗步出拳時，是連翻帶撐，肘要有垂勁，但不能有曲勁，要暗含著橫勁，達到有橫之意而無橫之形才對。

在兩手分開之時，好像用暗力有撕綿之狀，進步之時，後腳大拇趾用力要叫起真氣自「隱白穴」直達「關元穴」，在出手拗步斜身時，使氣在脾經胃腑來回循環，沉著帶脈往斜纏，舌頂上膛，兩腮微有向前之意，則脾經自下而上，通透無阻擋。

李漢章先生講：「橫拳拗步走，要斜身吊胯，看正似斜，看斜似正，橫拳不見橫，眼看的是手法，機動的變化。」橫拳的兩臂都用自旋（擰臂）之力，前衝之臂由於外旋不僅有滾壓之力，而且自身旋轉的慣性會保持轉動軸線的方向不變。

橫拳雖然稱為橫，可出拳時卻不是橫的撥擋，而是朝前衝，雙方接觸之臂形成一個夾角，越往前衝，使對方之拳越向外斜，離我身的距離就越遠，所以橫拳有「出橫而不見橫」的說法。

（二）橫拳練法

1.由三體式變橫拳，兩掌先握拳，右拳原處不動，左拳往裡裏勁，翻至拳心朝上，與左肩平。沉肩墜肘，肱微曲；左腳先向左前方進半步，右腳隨之跟進半步，左腳前順，右腳斜橫，如三才步。

同時，右拳由腹部向上順著左胳膊下端往前起鑽，連翻帶擰，翻至拳心朝上，直往前鑽到極處為度，不可有曲勁。左拳由右胳膊上端往懷中落翻，扣腕向裡擰勁，同時往後拉至臍部停住，拳心向下；右拳與右肩平，沉肩墜肘，肱微曲，右拳與左足上下相照，身體隨著右胳膊向左前方引長，丹田後吸，頭頂項豎，眼看左前方，其式如圖4-33。

2.再換式，先將左腳往前墊步，再往右前方45°角斜著進右步，其步型與炮拳相同，唯左右相反，動作相同，如此反覆交替練習，次數自便。其式如圖4-34。

圖4－33　　　　　　　　　　圖4－34

（三）橫拳回身

　　橫拳回身時，一定要左手、右足在前（為拗步）。在回身時，先將右足往回拉扣180°，身體也同時回轉180°，左手拳在回身之時也不縮回，右手拳插在左臂肘下邊，在雙拳的手背之處相互摩擦時，相互變成為陰陽拳，出左足打出去，並形成為斜身吊胛之式，而後再變打拳式，其式如圖4－35、36。

（四）橫拳收式

　　收式時，打到原起點處，左手右腳在前，回身仍與前回身式相同，回過身時，右手左腳在前，左手從右胳膊下端伸出，其式與劈拳收式相同，參見劈拳收式。

圖4-35　　　　　　　　圖4-36

　　以上所講的五行拳只是供初學者習練時參考，對五行拳習練有一定基礎之後，就不必受地點方向約束，但是，萬變不變，丹田生真氣，只要拳式順，則氣、形合一，久練就可以養氣，調整氣血，平衡陰陽，進而收到內壯氣、外壯骨之效。

第五章　形意十二大形的動像

一、龍形的動像

龍的形變有束骨之法，伏伸之疾，曲彎之能，又有探爪之威，而體內有身降之靈性。它又有起猛的含勁，伸縮吞吐的勇動，有挺拔的內勁，又有翻轉的多變化。

（一）動　像

身與手法，隨行的打法，足腿伸縮拱力，及有剛柔變換之力，轉動是它的動態，屬於腎水。腰、腿、足連體臥坐以身腰隨起落轉換，手法變動起落另一個動作，變換手法的打法，上下不離三盤手法變化。

（二）龍形練法

1.由三體式變龍形：

先將左腳向前墊步，右腳再向前上步，腳尖外扭，兩腿屈膝下蹲；左腳足尖著地，將足後跟欠起；兩手同時握拳，右拳經腹部胸部貼近下頜處向上向前伸鑽，隨即左拳順著右臂內側向上伸出，伸到兩拳接近時，向內翻轉變掌向體前下按，右手抽回撤至右胯旁，兩胯雷根鬆開勁，身

99

圖5-1

體下伏，小腹全放在右腿上，如龍下潛之意，兩眼看前手食指，腰要踢，頭要頂，其式如圖5-1。

2.換式：

將左手如劈拳摟回鑽出，右手伸出，兩手兩腳動作與上式1相同，唯左右動作相反，其式如圖5-2。

再換式，數次多少自便。

3.回身式：

右手左腳在前，右手撤回右腰側變拳，右腳向前扣步，左腳以腳掌為軸，身體向右後轉180°，同時右拳經胸前由下頷處向前上方伸出，隨即左拳順著右臂內側向上伸出，伸到兩拳接近時，向內翻轉變掌向

體前下按，右手抽回撤至右胯旁，同時右腿屈膝上提，腳尖上翹，右腿微屈，右腳橫著向下落地，身體下蹲，其兩手動作與動作1相同，其式如圖5-3。

4.收式：

回到原起點處，回身打出崩拳式，同劈拳收式。

二、虎形的動像

虎的形變有神態之勇，有利爪捕食之勁，又有伏身離穴之勢，又有全身的抖力，及有攻猛的縱力、蹬勁、翻勁、頭擺勁、功猛高旋勁及撲勁，這是它的特性。

圖5-2　　　　　　　　　　圖5-3

（一）動　像

　　體內的身法、手法與步法相合，雙手朝外撲推的動作，用形的變換，以肩催肘，以肘催手像虎撲動物一樣，但雙手互不離中心，身有拱力，它的動像有火性之勇。總而言之，離不開心源，三盤手法內含剛柔之力，又有變動手法是它的特點。

（二）虎形練法

　　1.起點由三體式變虎形，先將左腳直著向前墊步，同時右掌由體前直向前伸，右腳即提起向前，緊靠左腳踝骨；同時兩手握拳摟至小腹處，拳心向上，兩肘緊靠肋，腰下蹋勁，頭要頂勁，眼看右前方，其式如圖5-4。

2.承上式，右腳斜著往右前方進一步，成三體式；同時兩拳順著身子由胸部向上鑽至下頜處，兩拳向裡翻轉變掌往前連鑽帶翻，向前撲出，兩掌心向前，虎口相對，兩手與心口平。兩肩向外有開勁，又向後有抽勁，兩眼看兩手當中，其式如圖5－5。

3.換左式，先將右腳直著往前墊步，左腳向左前方進一步，兩手如右式，其式如圖5－6。再換式，數次多少自便，無論多少總以出去右式停住再回身。

4.回身式：

右腳向左腳前扣步，身向左後轉，隨之左腳提起，再向左前方進步；雙手於扣右腳時，同時落至小腹處，兩手與左腳同時向前撲出，其式如圖5－7。

5.收式：打至原起點位置，回身打出劈拳式，同劈拳收式，參見劈拳收式。

圖5－4

圖5－5

圖5－6

圖5－7

三、猴形的動像

　　猴的形變，身上有靈巧的縱跳之能，行動有閃化技巧，眼神靈性，動態靈敏，活動有神，高低不分上下，蹬走手足有游天自如的變化，這是它的特性。

（一）動　像

　　體內隨身的轉動，有扭腰起步的變動性，練猴的神態的動形，取它精華的技巧在動行變化，曲蹲坐胯的功夫，靈巧在外手與裡手上，每個動形不離心源的變動，它的動態水性，關鍵在腰身的轉動，手足合順，有身抖縱勁之靈體，機靈動性看手形。

（二）猴形練法

1.起點由三體式變猴形，先左腳墊步，右腳向前扣步，向左後轉身180°，兩腿曲蹲仍成三體式，同時左手隨轉身向後平摟至左腰間握拳，拳心向上，右手握拳由腰間向前直出如崩拳，拳眼朝上，其式如圖5－8。

2.右拳拉回在右腰間，左拳向前直出如崩拳，同時起右腿向前蹬出，腳高與胯平，左拳與胸齊平，兩眼向前平視，其式如圖5－9。

3.上式不停，左拳拉回至左腰間，右拳向前直出如崩拳，同時右腿撤回向身後落步，成右弓步，身體要穩定，腰要蹋，頭要頂，出拳蹬腿動作要整齊一致，形成轉身摟打倒蹬腿，其式如圖5－10。

圖5－8

圖5－9

圖5－10

圖5－11

　　4.上式略停，身體重心後移，手型不動，成三體式，左腳扣步，右腳擺步（擺扣步要換重心），身向右後轉體360°，左腳隨轉體向前上步並扣步，右腳隨之順步，其手足動作與前式動作相同，唯左右相反，並轉體360°。其要點：動作1、2、3式要連貫中間不停，進步、旋轉速度都要快，動作整齊一致，落步要穩健，眼神要跟著兩手伸縮交替看左右手。其式如圖5－11。

　　再換式同動作4，唯左右相反，數次多少自便。

　　5.回身式：左右式即可，唯同上轉體180°，其動作相同。

　　6.收式：打至原起點位置，回身打出劈拳式，同劈拳收式，參見劈拳收式。

四、馬形的動像

馬的形變，它身有挺力勁，有撞頂獨立之勇，有疾蹄之勁，又有抖身之靈，及有剛柔的溫性內含勁，故在練習時，宜外剛猛而內柔和。

（一）動 像

體內行動樸實，用意之勁在手形的變動，主要是手與足的動行、齊整一致性，意氣力相間，意到氣到力自到，曲蹲坐胯腰有挺力一氣催，動態屬於火性，既有撞勁，又有化勁、拉勁、順勁、蹬勁、挺勁，達到了氣力飽滿，這是它的特性。

（二）馬形練法

圖5－12

1.由三體式變馬形，左腳向前墊步，右腳向前靠近左腳，腳掌虛著地，兩腿屈膝半蹲；同時右拳從腰間向前直出如崩拳，左掌回落在右肘窩，掌心與肘窩相對，兩眼平視前方。其式如圖5－12。

2.上式不停，右腳向前進一步，左腳向前靠近右腳，腳掌虛著地，緊靠右腳踝骨，屈膝半蹲；同時右拳拉回右腰

間，拳眼朝上，左掌順右前臂向前方劈出，左掌與肩平齊，兩手兩腳同時動作，不可先後，沉肩墜肘，丹田抱勁，兩眼平視前方，其式如圖5－13。

再換式，與動作1、2相同，數次多少自便。

3.回身式：

先左腳向右前側扣步，身體向右後轉體180°，右腳隨之以腳掌為軸扭直，成三體式步；同時左掌由腦後向腦前胸前下按，右拳從左掌內側腕上向上向前鑽出，左腳向前進一步，左掌再從右拳內側向前劈出如劈拳，右拳拉回到腹側，右腳以腳掌向後撩起，眼平視前方。其式如圖5－14。

4.收式：

打至原起點位置，回身打出劈拳式，同劈拳收式，參見劈拳收式。

圖5－13

圖5－14

五、鼉形的動像

鼉的形變，有浮水之技巧，翻江倒海之勁力，有機動的旋轉之能，撥力隨行的變動，這是它的動像特點。

（一）動　像

體內形像上，兩手上下形體圓滑，上手的外手掌心朝外，下手在腹內掌心朝上，出動時由上而下變換手法，游動圓滑，不離心源，手法的換式從腹內雲撥出動，朝外展手形，手到足也到，都是連體的動行，腰轉的靈性比較活躍。

（二）鼉形練法

1.由三體式變鼉形，左腳向前墊步，右腳向右前方進步，身體微向右轉；同時左掌由前向下，向裡翻轉，掌心向上，停在小腹處，右掌向上至口前再變成俯掌，橫著向右前方撐出去，高與口平，臂成弧形，掌心向外，眼看右掌，其式如圖5－15。

2.上式不停，右腳向前墊步，左腳跟進右腳再向左前方進一步，成三體步。同時左掌

圖5－15

經胸前向上至口前變俯掌，橫著向左前方撐出去，高與口平，臂成弧形，掌心向外，右掌隨著翻轉下落停在腹前，掌心向上，眼看左掌，其式如圖5-16。

以上兩動腳前進落地，要和手掌撐出動作協調一致，不可分先後，腰要踢，頭要頂，左右轉換要銜接不斷，兩臂擺動要連貫，腰胯要鬆活。

3.回身式：

打出右式之後，不停，右腳向左側扣步，身體向左後轉，左腳向左後落地；同時左掌由腹前隨轉身向上向左撐出，掌心向外，右掌向下向裡翻轉收回，掌心朝上，停在腹前，眼視左掌，其式如圖5-17。

4.收式：打至原起點位置，回身打出劈拳式，同劈拳收式，參見劈拳收式。

圖5-16

圖5-17

六、雞形的動像

雞的形變也叫早雞，抖身之靈，形體行走游身擺動，腳一隻觸立，有蹬支之力勁，又有跳躍展翅飛翔活躍勁，又有起降展源之勇，抬爪抓力之勁，這是雞的特點。

（一）動　像

在體內雙手由左右胯兩側起動朝胸前抓起，由陽手再翻陰手，雙手握拳式朝下分落左右胯兩側，雙眼平視，掌心朝下，胸往前拱勁，頭要挺起，行走蛇形步，每個動態都是連體的動作，屬於心動溫順的動像。

（二）雞形練法

1.由三體式變雞形，左腳向前墊半步，屈膝坐胯，右腳即提起，緊跟左腳踝骨；同時左掌拉回小腹處如劈拳，兩掌握拳順著身子由胸前向上鑽至下頜處，兩肘緊靠著肋，丹田吸勁，頭要頂勁，身體向右前方，眼視前方，其式如圖5－18。

2.上式不停，右腳向右前方邁進一大步，屈膝前弓，左腿膝部微屈，向前蹬勁，上體略向前俯。同時兩拳向裡翻轉變掌，往前連鑽帶翻，向下捋回至兩胯旁，掌心向下，頭要頂，肩要沉，胸要往前拱勁，腰要蹋，精神貫注，眼向前平視，其式如圖5－19。

再換式，左右式動作相同，唯左右方向相反，如此練習，數次多少自便。如欲回身，左右式均可。

　　3.回身式：身體重心後移，前腳回扣，身體後轉，其
動作同1、2式，其式如圖5－20、21。

　　4.收式：打至起點位置時，仍回身再打出劈拳式，同
劈拳收式，參見劈拳收式。

圖5－18

圖5－19

圖5－20

圖5－21

七、鷂形的動像

鷂形的形變，天空中雲遊高旋，展翅平衡動行，有翻轉之靈，入林之奇，鑽天之技巧，又有捉物之勇，升降之旋轉的動作，高旋、下降之急速落地又有挺勁的特點。

（一）動　像

在體心內平順，左右遊轉雙手同時朝下，從左右膝蓋下部抓起，握半拳，隨腰挺起，雙手提起，左右肩靠緊，胸部有拱勁，雙腳分立兩側成騎馬式的動作，曲蹲坐胯，要有頭頂之豎，旋轉動作合體變換要達一致性，腰轉要斜身要正體，必須合體一致。

圖5-22

（二）鷂形練法

起點由三體式變鷂形，左腳向前墊步，腳尖外擺，右腳隨之向前進一步，腳尖裡扣，身向左轉，屈膝坐胯，成馬步形；同時左掌由前向下向後捋回至左腿膝部外側，掌心向下，右掌從腹部上提至右肩外，掌心向前，手指朝上，隨著轉體向前向下按至右腿膝部外側，頭要頂，肩要沉，身要活，腰要蹋，胯要合，兩眼微向下看，其式如圖5-22。

2.兩腿步形不變，兩手同時半握拳從下向上順身抓起，提至左右肩部屈肘靠緊，拳心向前，高與肩平，胸部要有拱勁，頭要頂，腰要蹋，兩眼平視前方，其式如圖5－23。

再換式，右腳向右前擺步，左腳向左前扣步，身向右轉，左右手動作與動作1、2式相同，唯方向相反，如此反覆練習，數次多少自便。如欲回身，左右式均可。其式如圖5－24、25。

3.回身式：

如右回身，身體重心移向前腳，擺後腳，轉身上步扣腳，成馬步形，其左右手與動作1、2式相同，唯方向相反，其式如圖5－26。

4.收式：打至起點位置，仍回身再打出劈拳式，同劈拳收式，參見劈拳收式。

圖5－23

圖5－24

圖5-25

圖5-26

八、燕形的動像

　　燕的變動,它起飛靈巧,行轉、繞轉、翻轉特別靈性,氣足飽滿,有飛騰抄水之巧,降長高旋撲食之技,動轉無聲之奇,抄水時迅速、轉動時敏捷是它的特性。

(一)動　像

　　體內動行剛柔相濟,起動高低心內平順而精神飽滿,由上到下式抄水是高難的動作,表現在足行、手形、身形連體配合一致性。

(二)燕形練法

　　1.起點由三體式變燕形,右腳向後微外擺,身體向右側轉,重心移向右腿,成半左仆步式;同時右掌向左手前

臂下伸出，再向上向後翻轉至頭部外側上方，掌心向外，
左手同時隨右掌右轉屈肘收回至右腋下，掌心向後，兩眼
向起點前方平視，其式如圖5－27。

2.上式不停，身向下沉，腰向下蹋，隨之向左轉身，
左腳弓腿屈膝，右腳隨之跟進，貼靠於左腳內側踝關節
處，腳尖著地；同時左掌順左腿內側向前伸出，手指向
前，掌心向右，右掌由後向前撩出，掌心向上，高於胸
平，左掌再收回在右掌內臂肘窩處。兩眼平視前方，其式
如圖5－28。

再換式，右腳落地左腳向前進步，其手足動作與動作
1、2式相同，如此反覆練習，數次多少自便。

3.回身式：左腳向右側扣步，右腳向右後擺步，身體
向右後轉，左腳向前伸出，轉身下式，重心在右腿；同時
右掌隨轉身，向後向右翻轉，左掌隨之在右肘窩處，其後
手足動作與動作1、2式相同。

圖5－27

圖5－28

4.收式：打至原起點位置，回身再打出劈拳式，同劈拳收式，參見劈拳收式。

九、蛇形的動像

蛇有行走彎曲的拱力，它伸展自如，既有攻縮之內勁，又有撥草之能、頭伸縮升降的挺勁，又有吞吐撲食之勇。纏勁，撥勁，繞勁，伸縮勁等是它的特點。

（一）動 像

在體內動用，左右手腹部交叉，上手緊靠臉部，下手緊靠胯，斜身像形的動作，出動橫順之擔勁，動形是伸縮開合的變動。

（二）蛇形練法

1.起點由三體式變蛇形，左腳向前墊步，屈膝半蹲，右腳隨之跟步，緊貼在左腳內側踝骨處，腳尖著地，身體微向左轉體，同時右掌由腹前向左下方插下，掌心向外，指尖向下，手背貼在左胯前，左掌也隨之屈肘內收，置於右臉側，掌心向外，眼視右側前方，其式如圖5-29。

2.上式略停，右腳向右前方進一步，左腳隨之跟進半步，雙腿屈膝半蹲，重心偏於左腿。同時兩掌變拳，右拳由下向右向上撩出，高不過肩，拳眼向上，左拳向下向後反撩拳，拳眼向下，身體略向前傾，胯要鬆，肩要沉，頭要頂，眼看右前方，其式如圖5-30。

再換式，與右式身法、手法、步法均相同，唯左右相

反，如此練習，數次多少自便。其式如圖5－31、32。

　　3.回身式：左右式皆可，前腳回扣步，向後轉身，後腳提起腳尖著地，同時前後手胸前交叉，其後同動作1、2式。

圖5－29　　　　　　　　　　　圖5－30

圖5－31　　　　　　　　　　　圖5－32

4.收式：打至起點位置，回身再打出劈拳式，同劈拳收式，參見劈拳收式。

十、鮐形的動像

鮐形有豎尾之能，又有挺力腰拔之勁，及有蹬力之功勁，兩膀高旋擰勁動行。

（一）動 像

雙手交叉上托翻拳合手朝胸前前行，像鮐的像形的動作，力點在兩小臂內側，兩肘有裏勁，腰有剛柔的挺勁，動行中斜身換式，行走中步步連環。

1.起點由三體式變鮐形，左腳向前墊步，左掌下落變拳，收至腹前，右掌也同時變拳，兩拳心均向內，右腳隨之跟進，貼靠左腳踝關節處，腳尖著地，身略右轉；同時兩拳由胸前交叉向上舉起，至頭部上方變掌向左右兩側分開，眼視右前方，其式如圖5－33。

2.上式不停，右腳向右前上步，同時兩手向下畫弧，與兩肩平時，再握拳，兩手臂向前向裏裏勁，當兩手臂相距二三寸時，再直向前撞出，兩肩要沉，腰要蹋，頭要頂，進步與兩拳裏合前衝整齊一致，眼看兩拳當中，其式如圖5－34。

3.右腳往前墊步，左腳隨之前跟，兩拳仍如前式，動作完全與右式同，唯左右相反，其式如圖5－35、36。

再換式，如此反覆練習，數次自便。

4.回身式：打出去右式，先將右腳回扣，身向左轉，

左腳提起，緊靠右腳踝骨微停，再出手進足，動作與左右式相同。

　　5.收式：打至原起點位置時，轉身打出劈拳式，同劈拳收式，參見劈拳收式。

圖5－33

圖5－34

圖5－35

圖5－36

十一、鷹形的動像

鷹體形態出神，胸壯飽滿，眼中出靈神，頭轉靈敏活躍，起翅飛翔有力，體動靈活，天空游旋自如，有下降捉食之本領，又有爪力之功勁的特性。

（一）動　像

三尖相照，左右手法同時變換，內含爪力，斜身塌腰，前手朝下五指分開形成鷹爪力，後手緊靠小腹下側，左右變換手法，像形的動作。身形的繞轉中，跨步閃身變動行，中盤手緊靠胸，心源之內分手形與動行，行步纏轉全看身形與手形、步行連環的動作。

（二）鷹形練法

圖5－37

1.起點由三體式變鷹形，先將左手如劈拳落下，兩掌變拳，左足向前墊步，兩腿屈膝半蹲；同時右手順著小腹向上向前鑽至眉齊，右拳心向內，左拳心向下，眼向前平視，其式如圖5－37。

2.上式不停，右腳向右前方進一步，重心在兩腳中間，兩膝彎曲；同時左拳順著身子上起，伸到兩拳接近時變掌往

圖5－38　　　　　　　　圖5－38附圖

前往下按出，如鷹抓物，右掌拉回至右腰側，兩掌扣指，掌心內含，身體略向前傾，兩掌下按與右腳進步要整齊一致，眼看左掌，其式如圖5－38。

　　3.再換式，右腳向前墊步，左手變拳向上鑽，其式與上式相同，唯左右相反。如此反覆練習，數次自便。其式如圖5－39、40。

　　4.回身式：左右均可，將前腳回扣步，向後轉身，後腳提起再進步，與左右式練法、手足均相同。

　　5.收式：打至原起點位置，回身打出劈拳式，同劈拳收式，參見劈拳收式。

十二、熊形的動像

　　熊體它有座力，頭頂之力，又有抽身換影的背力、斜身吊膀的內含勁、身靠之勁、鬥身之拱勁，這是它動行的

圖5－39

圖5－40

特性。

（一）動　像

體內動行，兩側手法翻腕朝外左右推動，手心朝外，曲蹲坐胯騎馬式，左右腳朝外翻動行，有後背抖身之靈的脊背抖勁。

（二）熊形練法

1.起點由三體式變熊形，左腳向前墊步，右腳向前進步內扣，身向左轉體90°，兩腿屈膝半蹲，成馬步形；同時右掌從左臂肘下順前臂向前穿出，左掌從右臂上向胸前回撤再向左後側伸出，兩掌與兩肩平，掌心均朝上，眼平視前方，其式如圖5－41。

圖5-41　　　　　　　　　圖5-42

2.上式不停，右手臂微曲，手掌向上向裡（與右耳相照），再向外翻轉，掌心向外；同時右腳向外側蹬，並向側前落步，重心移向右腿，左手右腳動作與右手左腳動作相同，唯左腳向右側落步，仍成馬步形。兩掌與兩肩平，肩要活，腰要蹋，頭要擺，掌要往外推，兩眼隨左右手翻轉而視，其式如圖5-42、43。

更換式與動作1、2式相同，如此反覆練習，數次多少，循環自便。

3.回身式：左手由右手臂下向前伸出，右手撤回向右後伸出，同時右腳後撤回一步，身向右轉，仍成馬步形，手足動作同動作1、2式相同，唯方向相反，其式如圖5-44。

4.收式：打至起點處，打出熊形式，兩肩左右晃動向

外發出抖勁，回身再打出劈拳式，同劈拳收式，參見劈拳
收式。

圖5－43

圖5－44

第六章　內意的拳法與演練運動中的方法

一、形意五行拳與十二形配備練法

內意拳法經多年演練變化，不同的拳形綜合起來變換打法，與身法、步法用在身上去綜合演練各種動像。

用五行拳與十二形單打配備單個動行表現出行形變有形，變換五形與十二形。

（一）五行拳單劈單練十二形

劈—龍　劈—虎　劈—猴　劈—馬　劈—鼉　劈—雞
劈—鷂　劈—燕　劈—蛇　劈—鮐　劈—鷹　劈—熊

（二）五行拳單崩單練十二形

崩—龍　崩—虎　崩—猴　崩—馬　崩—鼉　崩—雞
崩—鷂　崩—燕　崩—蛇　崩—鮐　崩—鷹　崩—熊

（三）五行拳單鑽單練十二形

鑽—龍　鑽—虎　鑽—猴　鑽—馬　鑽—鼉　鑽—雞
鑽—鷂　鑽—燕　鑽—蛇　鑽—鮐　鑽—鷹　鑽—熊

（四）五行拳單炮單練十二形

炮—龍　炮—虎　炮—猴　炮—馬　炮—鼉　炮—雞
炮—鷂　炮—燕　炮—蛇　炮—鮐　炮—鷹　炮—熊

（五）五行拳單橫單練十二形

橫—龍　橫—虎　橫—猴　橫—馬　橫—鼉　橫—雞
橫—鷂　橫—燕　橫—蛇　橫—鮐　橫—鷹　橫—熊

以上由五行拳去變換各個動形，行走中形變有形的動像。

（六）五行拳與十二形配備各打一個動行

劈—龍　崩—虎　鑽—猴　炮—馬　橫—鼉　劈—雞
崩—鷂　鑽—燕　炮—蛇　橫—鮐　劈—鷹　崩—熊

（七）五行拳與十二形配備成二加二動行

劈劈—龍龍　崩崩—虎虎　鑽鑽—猴猴　炮炮—馬馬
橫橫—鼉鼉　劈劈—雞雞
轉身連接動作：
崩崩—鷂鷂　鑽鑽—燕燕　炮炮—蛇蛇　橫橫—鮐鮐
劈劈—鷹鷹　崩崩—熊熊

人去模仿所有的動像，得用人技巧變換手法表現靈性的動作，精華的動行動作一目了然，體驗各種特色變化中的身形手法。

主要體內三寶：精、氣、神。

二、三盤手論說

在體中上中下三盤手，是人去演練拳術而得出來的手法。習練形意拳術，化生五行金、木、水、火、土，練的是劈、崩、鑽、炮、橫，用在手上的變動。十二形，乃是天地之間的動物之形體，用人的身、手、足，體現三盤手，表現出動作與形。就是說上手動，手由胸中出，中手動由腹中出，下手動由腹下出。

說到上手的中手，中手的下手，在人體內離不開三盤手。老前輩說的三盤手法，是指用陰陽手法接用變化。三盤手是變化動形，長久演練自能精神入體而靈用在三盤手上。三盤手要以身法、步法、手法，用意合體歸一用，才能說是靈通了三盤手。

所謂三盤手變化無窮，來自手上知靈的動行，表現人的心知，應用手、肘、肩、胯、膝、足，內外結合，移動都是體內外一致性的動行，是內外六合的變動。動行都是人的手上的起落，三盤手隨變動而起落。

動打中，眼與手，身與足，起動手，內含的變動是精意的動作，步行路線，身的轉動，束身移動，起落變動，腰、胯、膝來自足的變動，才能使手動得到圓滑的動行。同時分出手法，都是以手型招數變換在「手腕」上、肘上與肩上，手腕轉動必然筋、骨、皮滾動，體現手動、肘動、肩動相隨，節節貫穿。關鍵不離手的轉動，上、中、下手的變化。三盤手得有拳術的招術，才能練出外有外形與動形的變形，內有內意之靈動性。

　　三盤手，包括所練的器械也如此，都是體用三節動行。上手的中手，中手的上手是上盤動作連動；中手往上，腹中有手，中手往下，腹中也有手，總不離心源；下手而是以「中腹為主體」變動手法。如手中的器械，上盤頭：纏轉，繞轉，裹轉，掄轉。上盤轉的頭為繞纏上下手陰陽交換，總有一手圍繞不離心源。下盤也是不離腹內心源，繞轉胯的外側左右變換，都離不開中腹。這就是三盤手。三盤手都是以形與行去繞行，去變形，表現出三盤手的特性。

　　三盤手出動手法，無論你怎樣變化，都離不開心所出，是以心腹所用，在心腹所變換手法洞中藏，上、中、下落意隨足行，真行真意看對方，接變手法變化精。

　　三盤手就是動，三盤是手的上、中、下用意，伸縮、吞吐、繞轉、撥攔，「盡打落意隨」，化解手動有神慧轉變，全在三盤手上，起落手法暗藏手中行，掌握動行有分寸，轉行要放鬆，接進變化後手內藏胸，暗勁出動鑽勁攻，擇用三盤用意手法不落空，全憑後手封。

　　演式上盤頭頂繞，下手準接應，中盤接近取，單進單封進入攻，旋轉手法單手攻，兩手變換式不停，旋轉、繞轉、動行，有封又有攻，也可原地出手攻，難怪巧手形，不近還遠眼前中，兩肘盡取能攻用，放開肘出變手形。下盤是由中盤手法往下盤纏繞變動，如燕形，龍形，鷂形等，都是中盤起動，往下盤取意去動行。

　　三盤演式用的拳術表現在三盤手形上，練的是人精氣神的動作，在手上去運用，練出身上有伸縮出形的舒展形

變形動作，身動轉體，步法不散亂，關鍵是體內五活：心活、身活、手活、步活、眼活。相配的靈性體現在三盤手上。三盤手動行節節有靈根，三盤手上中下演練，精靈在三盤手中就有化解之妙的變化，也體現了精氣飽滿手中出動變化。演練拳式都是手領方向和目標動中變化，拳術出動陰中有陽，陽中有陰，內意拳術上總是陰陽的動行，表現在手上中盤出動上下嚴謹不分散，身行、走行與手出動，三盤不停的上中下連接，精靈的手法陰陽變，接手換手相配合，都用中盤手變化出動形。手出應用，變動有別，招招手上有變動，三盤手中出動行，長短伸縮有吞吐之妙。從器械上，刀、槍、劍、棍等也是如此，三盤手的應用關鍵在變化上。

人的身動，四肢動是動練的筋骨皮，而手形變化時必然連體使內氣上下連通，順氣自然連接滾動筋骨皮，旋轉移動變化在三盤手上。

例如十二大形：龍、虎、猴、馬、鼉、雞、鷂、燕、蛇、鮐、鷹、熊，各形有特長，各形有靈動，都有各動形升降之靈感，動形招數都有伸縮吞吐之別的滾動筋骨皮手形的變動，三盤手出動上中下總有一手在腹內藏動，接用手法的變化，手法之變是中盤手出入接連變化，總之三盤手法，中手的上手，中手的下手，都是以中盤手所相配，所說的是三盤手法。

三、形意拳散練之要點

在五行拳、十二大形、連環、四把、八式等套路熟練

後，又掌握了多種步法的練法，如定步、跟步、活步、蛇形步、八卦步等，才可操練形意拳散練練法。

內三合、外三合，內外合一達到六合，成為氣力丹田一處，在此基礎上練就貓撲狗閃、驢騾肚特、胎卵食化、龜背蛇腰、蛇塌拉胯、達摩老祖易筋經，千手千眼千身佛，智成智化，最後可達到出神入化。

形意拳散練之順序：

劈拳起式崩拳走，橫拳、炮拳來替手，起是鑽拳落是鷹，龍形蛇形隨後行，陰陽魚中來穿手，回身盤路特形手，燕子抄水猴形腿，熊形兩臂晃著走，有換影，有捕影，外加雜式變化精，進退連環步法隨人行，單操功法和砍空，左右拋手，魚嘴穿梭，貓洗臉、猴洗臉，有點肘、晃肘、抹肘、橫肘、立椿肘，劉海戲金蟾，隨著身形步法走，回身盤路形法手，合在一起達到手不離肩、肘不離肋，動作要嚴謹，變化出神靈，隨心所欲，無人似有人，有人似無人，動形如行雲流水，久而久之便能體感拳術之妙，身形步法合一，閃化吞吐全在其內，在此基礎上，加練五龍盤身。五龍盤身也是形意拳散練的練法。

第七章　形意拳五龍盤身的練法與特點

一、形意拳五龍盤身的練法

在五行拳的基礎上與十二大形相配演練，才能夠練出五龍盤身的功法。五形、十二大形，動形配備的打法與變化：劈—龍　崩—鷹　鑽—燕　炮—鼉　橫—蛇，主要用三盤手去演練象形動作。二是用纏、繞、轉、行、換，是靈巧的變換手法把五龍用形表現出動作，每一個動作離不開纏身與繞轉，連環步法的行走、繞轉利用貓洗臉和猴洗臉盤轉。盤身行體中不停的動作要協調一致，剛柔相濟，形神統一，表現體內自如纏轉活躍，動行達到內外六合的目的。

五龍盤身是形意、八卦合一練法，這一練法內容豐富，結構嚴緊，動作優美，風格獨特。演練者，須有形意拳、八卦拳的訓練根基，沿用形意、八卦手法步法，以三才步、龍形步、擺扣步為主，路線多呈雙圓形，即「8」字形。

演練時要求：

扭腰起步，轉身移動，行走擺扣變行走，手法隨走隨

變，手隨步活，步隨手轉，意牽神連，上下相隨，內外合一，勁力飽滿，明快有力，一氣呵成。

其練法為：

劈、龍，崩、鷹，鑽、燕，炮、鼉，橫、蛇。以三體式起式，動形為纏繞盤身轉換，貓洗臉與猴洗臉，拋手晃肘與特形手，進退、伸縮，閃化、吞吐，行變形，形形有形。

人的意來本五行，人的手法變化精，人的步法隨人行，四正四隅任意變，拳無拳，意無意，隨心所欲，最後以劈拳收式。

演練中，三體要明，手要起，肘要隨，膀要催，連動的變化；頭要起，身要隨，足要追；足要起，膝要隨，胯要催。三盤手法上，變化組成行走的變動出形，說好說，練時也有一定的難度。連形體再接另一個形體，都是連身動作，不同變動出每形形象，又得隨轉體在變另一個動作，關鍵是用陰陽手法去變換其他的動作，沒有基礎是練不成的。

盤身是纏繞轉換手法變動，「形」纏繞手動變，纏轉隨心靈，技巧用的是你的手。例如：龍形可變換鷹形，可變馬形，也可變換虎形等等，變換的方式不限，都是隨心所欲，心靈技巧變換手法，只要纏身就變換形法，接連不斷換式，就在形手上。

貓洗臉與猴洗臉形象全在你的身法演變，步法的轉動，用纏頭果腦的手法去換式，一定要演練整體一致性。

二、形意拳五龍盤身的特點

形意拳五龍盤身運動含有多種特點，具有不同的動態及活動性，身形的轉動有八種：

(1) 側身的變動。　　(2) 形神的變動。

(3) 拱身的變動。　　(4) 游身的變動。

(5) 繞身的變動。　　(6) 裹身的變動。

(7) 轉身的變動。　　(8) 盤身的變動。

這八種動行都是體內的高難動作，而且連起來有多種特色。從步法上，行走變動相連體的變化，關鍵在變形，配備在體內的運行動作，就可看出形體的特點。

步法變動：

三才步、蛇形步、八卦步、擺扣步、擰轉步，這些步法都離不開連環步與旋轉步的變動，這是主要的行走特點。

身形變動要心合、意合、手合、眼合、肘合、步合，達到了合順，必然練成內外一致性。人的意來本五行，人的手法變化精，人的步法隨人行的變換每一個不同的動作，是五龍盤身的動行特點。

三、盤身拳法應注意的方式

練者首先思想集中，以靜而動，內心穩重，動行、心氣自然出動有神靈。自轉原地有方向，面向站立朝前看，曲蹲坐跨以走而行。移動行走，行動變有形，旋轉動作要穩重，變化手法全看身動、步動和手形。出手的動法無死

勁，用的是內意形。雞腿、龍身、熊掌、虎抱頭，總體去變動。纏身手法變動出手形。

行走步法擺扣轉，出手換式胸前變。出手就如同打珠算一樣變動手法，二一添作五，逢二進一，後手進三一三十一、逢三進一的動作，就是移動手法緊相連，行動手法緊變換，相距離要躲閃，出手換手不離三盤，緊護心源，上手與下手緊相連。出動手法心靈根，接變手法看眼神，身智明快看周身，有意動行，手法變換有精神。

第八章　八卦轉九宮練法

　　八卦拳又稱游身八卦掌，是中華武術寶庫中的珍貴遺產，內家拳中的一朵奇葩。董海川老先生是該拳術的主要傳播者，其主要嫡傳弟子有尹福，程廷華，施繼枝，李存義，馬維祺，宋長榮，梁振甫，韓福順，張占魁，劉鳳春等人，以上諸人已形成自己獨特的風格流派，各有傳人遍及大江南北。

　　八卦掌是運用八卦圖原理作為基礎，透過實踐演化成的一種拳術。八卦圖由坎、離、震、兌、乾、坤、巽、艮和陰陽魚組成。其中離、坎、震、兌為四正，乾、艮、坤、巽為四隅，行樁走圈是練習八卦掌的基礎。八卦走圈就如同將八卦圖平鋪於地上，雙腳踏圓而行。八卦圖分先天八卦圖和後天八卦圖。先天八卦據傳為伏羲氏所作，八個圖形分佈為：離在南方，坎在北方，震在東方，兌在西方，乾在西北，艮在東北，坤在西南，巽在東南。後天八卦是無極生太極，太極生兩儀，兩儀生三才，三才生四象，四象生五行，五行生六合，六合生七星，七星生八卦。後天八卦相傳為周文王所創，一卦生八卦，生出八八六十四卦（也就是後天八卦掌中一式生八式，生出八八六十四式）。後天八卦方位分佈為：離在南方，坎在北方，

震在東方，兌在西方，艮在東北，乾在西北，坤在西南，巽在東南。八卦圖中的八個方向，每一方向都有不同的練習方法，各有各的練法，透過中心陰陽魚八個方位連接起來，按要求練習，就可以達到穿行於眾，隨長隨變動，避實就虛，抽身換影，以少勝多的目的，令對手難以抵禦。

八卦掌是以轉掌為基礎，在走轉中變化出各種不同的動作姿勢，以達到增強身體素質，提高散練技巧水準的目的。在步法上都是以擺扣步為主，步法行走時前腳要直落，後腳腳尖稍扣；腳尖稍上仰，不可擦地，但也不可過高，落地平穩，應全腳同時落地，腳尖不可先落地。

八卦掌是以八卦為盤，九宮為法，以五行相生相剋之理，合以八卦之道。八卦掌出掌為陽，出拳為陰；手心向上為陽，手心向下為陰；虛步為陽，實步為陰；順步為陽，橫步為陰；動步為陽，靜步為陰；進步為陽，退步為陰；發者為生，泄者為剋，剛柔相濟，見機而動，有無窮變化。

拳云：八卦與形意拳一樣，也有三層道理，三步功夫，三種練法。三層道理是練精化氣，練氣化神，練神還虛。三步功夫是易骨，易筋，易髓。三種練法是明勁，暗勁，化勁。

八卦掌分為上中下三盤，區別在於身體重心的高低，一般初習時先從中盤練起。八卦掌的練法，即定架、活架、變架，與形意拳之定步、跟步、活步道理一樣，練習八卦掌應先習練定架，按部就班，且不可冒進。

拳術套路主要有：八大母掌，三盤掌，八錘，八肘，

六十四路掌。器械主要有：八卦子午鴛鴦鉞，八卦槍，八卦劍，八卦滾手刀，八卦雙刀，日月乾坤刀，陰陽銳，弧形劍等。

　　以上為八卦掌的基本知識，下面專門介紹八卦門中不傳之秘——八卦轉九宮，也叫八卦轉九星，練此功法需在八卦掌練至變架子時方可，不可貪功求快。

　　在繼承祖父所傳武功基礎上，結合自己幾十年練習的心得，內心體會到：對人的體內大有好處，對膝關節，心臟，高血壓，糖尿病都有好的療效。有了體會，豐富並發展了八卦轉九宮之功法，現將所練之功法介紹如下：

　　九宮椿，顧名思義，即由九根木椿按八卦方位設置的一種專門練習盤身步法的功法，主要是練拳法與身法動行，變換身法的靈性，步法的變動性。

　　木椿長約1.8公尺，地面埋30公分左右，地面上約1.5公尺左右，每根木椿之間的距離，初練時應遠一些，大約在2至3公尺之間，熟練後而逐漸縮小，當能容身穿行而不得碰倒所立之竿為妙。現將該椿法行走路線做一介紹：

　　九宮椿由正北坎位起點(椿位數碼為1)，順時針向對方繞陰陽魚（椿位數碼中心為5）一周後，在逆時針轉至正南離位（椿位數碼為9），繞行木椿一周後回至陰陽魚，經陰陽魚順時針旋轉一周後，至正東震位（椿位數碼為3），繞行椿位一周後，再由正東順時針經陰陽魚旋轉一周後，奔向正西兌位（椿位數碼為7）。以上為四正方位行走路線，待四正路線行走熟練後即可練習四隅方向了。

　　四隅行走方法如下：即由兌位經陰陽魚至東南方向巽

位（椿位數碼為4），過巽位椿後經陰陽魚至西北方向乾位
（椿位數碼為6），行走不停，在乾位木椿繞行一周後回至
陰陽魚，由陰陽魚至西南坤位（椿位數碼為2），繞過坤位
木椿後，由陰陽魚至東北艮位（椿位數碼為8），繞過艮位
木椿後由陰陽魚旋轉一周後仍是逆時針方向至正北坎位，
至此，九宮椿完成行走一遍。在行走過程中，繞行木椿八
卦方位為逆時針方向，旋轉陰陽魚為順時針方向。

【說明】此功法也叫梅花椿功法，木椿現在來講也不
便用，也沒有練椿功的條件，專用木材也不方便。為了練
好此功法，改進了九宮圖以畫九個圓代替木椿，便於習練
者練習。

梅花椿九宮圖圖表內容不變，下面是梅花椿圖表及行
走路線。

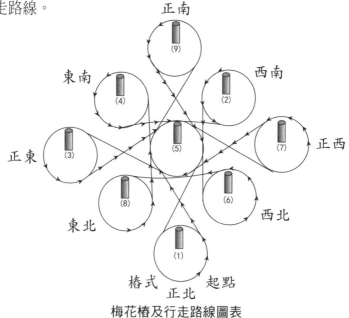

梅花椿及行走路線圖表

第九章 散手論說

　　從散手來講：遠見手法，近看變化，陰陽手不離分，一手要護心；上下要關門，動行要認真，鍛鍊在個人，武德不忘掉，平心善意，禮貌待人，習武常練，益壽延年。

　　「人的意來本五形，人的手法變化精，人的步法隨人行。」

　　散手是從形意套路中拆下來的拳術，是用法的拳術，又是拳術的結晶。在搏鬥時，用散手招數進行攻防，可進可退，可閃可化。也可以雙人或多人對練來檢驗散手招數的作用。還可以個人單練，用散手招數進攻與防守。隨心所欲的擇練功法，可練出身形的多變，表現出各形的形象動作。步法、手形、眼神，都要和身法緊密配合，才能練出神巧驚奇的功夫來。

　　散手有十點要領如下：身步捷靈，勢勢相連，行步平穩，擺扣輕盈，縱橫交錯，協調圓活，勁力沉實，剛柔相間，精神貫注，氣勢完整。

　　李漢章先生講：散手練的方法不一，早在前輩傳流下來的是不講的，首先看你的武德，內心樂道要學好，不做錯事，老師有意相傳，才可能學到。散手不能離開上下手，上手與下手分為陰陽，「上手為陽，下手為陰」（上

139

手為陽下打陰手），下手的陰手上打陽手。上手出手，下手緊跟隨，當然也得看到對方的面向的站位與對方的手法，用變化去化解、接近對方的手法，用你自己的陰陽手去變化取勝。而不能藐視對方的手法，接近對方手法時，可雙手進取，也可反手單進取，更要注意的是下手陽給以進取。單手起往上長身而鑽，往下落身而翻，如鷂子穿林，束身起，展身而飛；雙手上起，兩肱似直非直，似曲非曲（**太直過力，太曲沒力**），形如拳鼎，手落如猛虎搜山。達五惡：抓，撲，裏，舒，抖。拳經云：抓為毒，撲如虎，又似貓撲鼠，裏為護身不露，抖要絕，力展舒，心毒如弓箭。不論自己演練散手或與敵對打時，無人似有人，有人似無人。

總而言之，以手足為奇，身體為綱領，只要一近身就發式，內五行要和，外五行要隨，心動而進，往來肘不離肋，手不離心，與敵打鬥時，要關門閉戶，手起如鋼銼，手落如鋼鉤，只要一接觸對方，輕者把對方皮肉抓下來，重者後果性命相關。注意足打七分，手打三分，五官四梢要齊全，氣隨心意隨時用，硬打硬進無遮攔，承上接下如連珠炮，何怕他有邪術也。

散手演練中以內意為基礎，在行走中變用手法表示出不同動向，形成連環步法與手法，操練形象動作。而行走中能接連不斷變換手法（**有門道了**），形體有變法（**那已經成功了**），內意的功夫有了。

關鍵是看人的動態有沒有神，眼神、變化、閃化、手形、步法、游身、神態等等都有不同形象，就是人的動作

「模仿」。我祖父講到：人得會模仿動作，練出身上有形象，才能連接不同的動形，沒有行走連環步，沒有手形，看不出是什麼動像，等於四不像不行，主要是人的動像，精神勁，出手靈巧，變換機靈，手腳配合心順，動作中都是連體三盤手法去變化。三行：手行、身行、步行，三行合一，一動俱動，就是你把所有練出的東西，在你身上纏繞出來各種形象，你就有了成熟的功夫。

散手的技法特點為：以柔克剛，剛柔相濟，應用黏隨抖接，出奇制勝。其手法有：千斤墜，捋衣采袖，拼啄拿劈，傷筋挫骨，點穴閉戶等。

散手主要是變換手法，以靜變動，心內動意又不慌，變換不同的手形去演練。我祖父說：人的手在你身上是個謎，你所練的拳腳都在你的手上變動，來手得手，後手出手，意手來，得意手。

怎樣去制取手法，全在你的手上精華的變化，得有神氣十足的手法，虛實動靜有變，內含有明勁、暗勁、化勁，就是說：人的心神充沛，是練習的內意所得。

我祖父講：神是啥，精神知表，透過功夫，「鬼頭」機靈，氣足，肝足，腎足，行體壯。恩師李奎元說的是：人的手就是指南針，手到哪就變動到哪，就是心到、眼到、手也到，人的手法變化精，人的步法隨人行。恩師說：裡手的外手，而外手的裡手，相互陰陽變動，琢磨你的手上變換出形。

我祖父講：申萬林老先師，眼就出神，他老人家提到「出手就纏與繞」，就兩個問題，你就是練的好功夫，不

會纏不會繞，你就是不會啥，等於健身，功夫不到。關鍵人手、眼、身、法、步，去體會，去發揮。人用的是手，人用的是走，這些道理明白了，你再能變換手法，在纏換與繞轉、行走中變出手形，就有好功夫了。纏與繞形手，繞走盤身手，就得身形活躍，帶著手法變換，那就是你的真功夫，攻防也在其中，就有了神靈，我跟你講的這些話，就是我的飯碗。

主要手盤在身上去轉換，變換陰陽之形體，曲蹲行走，肩與胯轉動多帶形，不管你練什麼形，只要出來手就行，步活擺扣轉動，纏繞轉，才是好功底。等你所有的形體都盤出來了，你也就知道了各種勁。

總的來說：盤身就是纏繞，纏在三盤上，繞步法擺扣轉，形體一致的變換動作，陰變陽，而陽變陰，都是手上梢節去變。有意識去動，如果心不發動，則意無所生，內意不領，則無真氣，所有動態神志歸於心去變換手法。

以上所講的都是本人在祖父傳授的基礎上多年練拳與器械的體會和感受，內意練法保留了傳統武術功夫，其目的是為了磚引玉，為內家拳發展、開拓、創新盡一點微薄之力。

第十章　形意盤身刀、八卦盤身刀與盤身的形成

我祖父李漢章從小與父母學燕青拳，經多名先師指教，練了一身好功夫，在津門，人稱「鐵背熊」，他老人家在先師主教下，有所創新，特別在東三省教學時期，拳法的變化，對練磨盤轉及散打的動作，雙方相互接手、變手，後來又創新了盤身法，練出急動打法與變化。

有了盤身法基礎，又開拓了四種雙刀法：內意的寬胸刀，形意盤身刀，八卦盤身刀，游身八卦轉九宮刀法。各種不同的刀法與變化，形成了獨特的演練風格。

一、從刀談起

刀是中國古代兵器的一種，又是中國武術器械之一，從原始社會以石刀出現，同時又有不同刀形，在漢代時期均有變化和改進，到了今天又有改進，從此基本保留了古代象形兵器某些形狀，又具有適合演練的特點。

雙刀：刀形，刀長二尺八寸（0.98公尺），有的刀長三尺（1公尺），以刀柄為準。彩布，三種顏色，紅、黃、綠，彩布長三尺（1公尺）。

三種彩布配備刀柄後面，彩布與雙刀連在一起，練起

刀形動作的同時，彩布漂浮格外一種風格，練出刀形又練出彩布飄行，表現出技巧飛揚的風度及高雅的動行，有神態舒展美觀大方的效果。

二、刀的用意和十二個分解刀形

（一）刀的用意

(1)刀尖的用意：穿、刺、崩、挑、鑽。

(2)刀刃的用意：劈、掃、撩、抹、砍、切、推、裹。

(3)刀背的用意：雲、折、掛、截。

此外還有刀柄的用意。

（二）十二個分解刀形（都是纏體的動作）

(1)砍刀：手刀砍、劈的重力在刀刃上。

(2)脖刀：手刀繞轉過頂，上提靠脖子左右轉出。

(3)肩刀：手刀從左右肩側翻轉靠肩輪出。

(4)背刀：手刀左右掄轉時，過頭頂朝後背輪出。

(5)胸刀：手刀從左右過頂靠胸前下拉刀。

(6)頭刀：手刀從左右纏頭裹腦掄出。

(7)撩刀：手刀左右側身翻轉由上反下撩出。

(8)插刀：手刀從左右肘的腋下插過轉身移動。

(9)搭刀：手刀左右側身獅子搭花翻轉胸中抱（後刀搭在肘上）。

(10)雲刀：手刀上手的下手、下手的上手過頂，雲拔轉動。

(11)抱刀：手刀雙刀交叉，上手與下手變換，從腹內由上到下懷中抱。

(12)肘刀：手刀左右肘，從自身肘的下部繞過再翻轉動作。

這都是所練單行的動作，便於使法，利用自己的身形，纏繞在身上變化使法。所練刀法，盤身行走的轉動游身自如，表現出形象的動作，眼出精神，動靜靈活；連環步法的變動，纏繞與轉動，扭腰起步轉身移動，刀法變化，動有分明，都是形體的一致性。

三、刀法的變化動作

1.三動行：一動身行，二動手行，三動步行。

2.三動靠：一動靠肩，二動靠背，三動靠胸。

3.三動梢：一動頭梢，二動手梢，三動足梢。

這三動的說法，關鍵動行合體，三個行、三個靠、三個梢都是動行中各有靈性的動作，表現出形態有神、手出活躍、身出游動、足行擺扣、連環與纏繞擰轉的變動。

四、行走的刀法三十六變招數
（須會變換連接）

1. 抹刀變	2. 截刀變	3. 纏刀變	4. 雲刀變
5. 繞刀變	6. 插刀變	7. 紮刀變	8. 搭刀變
9. 抱刀變	10. 脖刀變	11. 背刀變	12. 肩刀變
13. 撩刀變	14. 胸刀變	15. 頭刀變	16. 肘刀變
17. 腰刀變	18. 劈刀變	19. 崩刀變	20. 鑽刀變

21. 炮刀變　　22. 橫刀變　　23. 翻刀變　　24. 扭腰變

25. 斜身變　　26. 繞身變　　27. 纏身變　　28. 靠身變

29. 頭頂變　　30. 裏腦變　　31. 退步變　　32. 旋轉變

33. 行走變　　34. 腋下變　　35. 懷抱變　　36. 翻身變

　　以上所講的變動，都是連體的技巧變化。掌握雙刀出動盤身制動，刀法離不開三十六變動，表現刀法外鬆內緊，既有急動，又有放鬆的動作，神靈氣動盤身行，刀法變化不固定，關鍵是隨心所欲，上下手變化刀法不分離，虛實在手上靈活用，旋轉移動先動身，行走步法要纏身行，主要是手、身、步同行。

第十一章　形意、八卦盤身刀（雙刀）練法及動像

一、形意盤身刀的練法及動像

　　習練形意盤身刀，要練好形意拳術，不論是五行拳、十二行拳、進退連環拳、雞形四把、形意八式、雜式錘、八字功等，這些套路均有了一定的基礎後，能夠打出形意拳之明勁，及能走出形意拳之活步的練法，即可著手練習形意盤身刀。

　　不論何門何派，內家拳還是外家拳，有拳術即有器械。器械的練法也是從拳術中演變而來，器械只不過是手臂的延伸。所以，練好拳術是練習器械的基本功。不同的拳種，不同的練習者，結合自己的身體條件及拳術規則要有不同的動行。

　　古人云：「單刀看手，雙刀看走。」形意盤身刀的變化均在行進游走的變動時，練好閃、展、騰、挪、擺、扣之活步練法，才能學好形意盤身刀，體味出在旋轉中變化的形意拳術，為技擊攻防打下一個堅實的基礎。

　　形意盤身刀的變化是在行走旋轉中按東、南、西、北四正方位加入五行拳術，用雙刀來表示劈、崩、鑽、炮、

147

橫五行拳拳術。雙刀擺動分為上、中、下三盤刀法,把一招一式的各形動像表現出來,緊密配合,連綿不斷,動中連體行走,隨時變換動作。

下面就盤身刀表現出來五行刀法,緊密配合連體的步法,走出五行刀的動作,做一說明。

五行刀按步法分為順步和拗步,按身體運動方式分為定步和活步,剛開始練習形意身盤刀必須先練習定步雙刀法,熟練後方可練習活步雙刀法,待練到一定水準後可練習變動雙刀法。定步是為了熟練刀法的基礎動作,有了記憶,就可以練習活步練法了。

劈　刀:

有單劈刀和雙劈刀之分,現在對拗步雙劈刀的練法做一簡介說明。雙手持刀,自身體兩側起刀,刀身平放與身體成90°,刀尖朝後,左拳心與右肘窩相對,右拳心朝外,雙刀同時經頭前畫半立圓向前下劈刀,左手刀停在左肋,右手刀停在胸腹前,距胸部約30公分左右,高度與肚臍平;雙刀劈出時,左腳向正前方邁出一步,腳尖向前,膝微屈,右腳跟半步,腳跟與左腳在同一直線上,成三體式,力點在刀身中部。左腳尖、鼻尖、右刀尖三尖相對。此式為跟步拗步雙劈刀左勢,依此類推,循環往復。

回身時左腳回扣,成擺扣步,後右腳外展與身體中線成45°角,依然是三體式架子,身體原地不動,轉身移動稱左勢雙劈刀。

崩　刀:

如崩拳之練法,始終是左腳在前,右腳跟步在後,雙

刀輪番向身體正前方崩出，刀尖向前，前手刀高於胸齊，肘部微屈，不可伸直，後手刀依然停在肋下。

鑽　刀：

和鑽拳的練法相差無幾，以左勢順步鑽刀為例做一說明。右手刀自右肋下向身體正前方鑽出，刀尖與口平，刀把與胸口高度平，刀身成平躺狀並向上指，刀刃朝向身體左面，左手刀停在右肋下；稍停，右手原地不動旋轉180°，拳心朝向地面，刀身畫立圓，刀尖朝向左肩，刀刃朝向身體正前方；微停，左手刀自右肋部經腹、胸部，由右手刀上方向前向斜上鑽出，刀尖高於口平，與右手刀動作一樣；同時上左腳成三體式左勢，此即為左勢順步鑽刀，左右互換，循環往復。

回身時前腳往回扣，成八字狀擺扣步，後腳外展，腳尖與身體中線成45°，然後前腳向前邁上一步成三體式，前手刀平著自腦後經臉、胸部畫半圓落在小腹前，後手刀向前鑽出即可。

炮　刀：

我們以定步炮刀為例講解。左手刀自肋下向上抬起，刀尖向右肩，抬至與額頭同高時向左畫弧經臉部，再至左太陽穴邊停住不動，距頭部約30公分；同時右手刀自肋下經小腹、胸口向身體正前方刺出，手臂微曲兩刀身平行，刀尖朝向前方，刀刃朝上；左腳向前邁出一步，成三體式左勢，左腳尖與右刀尖、鼻尖三尖相對，以腰為軸向左轉，斜身成拗步，此為左勢定步炮刀，回身時直接用擺扣步過渡即可。

橫　刀：

如橫拳之練法。左手刀向前裏肘橫刀，右手刀經小腹從左手刀肘下斜身向前平直刺出；同時左手刀從右手刀上方向後拉回至胯邊，雙刀形成爭力，右手刀曲臂外旋扣腕繞立圓向前橫推刀，刀刃朝向身體前方；右腳向前方邁一大步，後腳跟半步，腳尖外擺成三體式右勢，右腳尖、右手刀、鼻尖三尖相對，身體以腰為軸向左側轉，此為跟步順步橫刀之練法。

形意盤身雙刀是五行拳用雙刀變相方式去變化動行，雙刀裡手的外手，外手的裡手，隨刀法變化演練，動作連貫、圓活，游身閃化，精神飽滿，形神統一，雙刀招法舒展大方、上下連貫、左右旋轉、瀟灑自如。

以上為形意盤身刀法五行刀練法之概要，其他諸如纏頭裏腦、十字披紅、懷中抱月、雲撥刀、龜背蛇腰、虎抱頭、青龍擺尾、白猿獻果、燕子抄水等均為形意盤身刀之纏身法，是在練習雙刀行進游身變化中用於抽身換式及回身銜接時使用，此在形意盤身刀和游身八卦盤身刀中說明。

二、游身八卦盤身刀的特點

游身八卦盤身刀法，就是離不開陰陽圈的走動，以八卦圖表的原理為基礎，分佈為行走四正、四隅於八方。以陰陽魚為中心，由八個方向去演練辨別方向（雙刀纏轉動行）。主要是定位，是行走外圓八卦圈，以行走穿行和轉行為目的，分清有陰而有陽，要結合變式動行，用刀法表

現形象，圓外轉動，陰陽分解。變換去向和身形、手形、步行，要連體地練出動行、游身的刀法，表現出八卦拳法的形象動態。關鍵是變動性。

手領形體有先鋒之靈，要注重神態；眼見神為見，耳為靈，心為勇。心與眼合，心與耳合，心與鼻合，心與舌合，行動必然合體，心與意合，意與氣合，氣與力合。手與足合，肘與膝合，肩與胯合，才能動行的相合。總之雙刀的手法離不開起落、進退、鑽翻又纏繞轉，同時也離不開纏頭裹，離不開猴洗臉、貓洗臉，這樣才能練出雙刀法變動的特點。

游身八卦盤身刀是老前輩們留下的寶貴財富。在筆者祖父的傳授下，經多年磨練，總結了八卦盤身刀的練法，刀法上發揮很多的特長，不斷的磨練、研究創新使身法和刀法的變化形成了獨特的風格。刀在人的身上去纏、繞、轉，步法擺、扣，腰要活躍，穿肘、脖纏、肩靠、背靠、胸靠加上連環步法隨刀變動。

特　點：

肘，分為提肘、縮肘、裹肘、掄肘、穿肘、過頂肘、下式肘幾種練法；腰部，分為前腰塌勁、左右扭勁、腰的轉勁、腰的挺勁，動態是轉身移動，扭腰起步；脖，左右回轉；肩，上下垂勁；背與胸，平、擺、靠；手，是主要變動；腿，屈膝上提，頂勁；腳，全身重力，全腳轉、繞、行。

以上說的幾個問題，一動全動，刀法上也不離所有的動作。

刀法辨別：

透過不同的拳種演變在身上與手上，所以在手上變化無窮。

①主要是手腕的勁，前翻腕，後翻腕，左肩右肩靠翻腕，後背翻腕，搭花翻腕，胸前翻腕，頭頂翻腕等，手腕要活用。

②主要是行走中，連環步清楚，上步、進步、退步、擺步、扣步等繞轉，要擇清步法，行走不亂。

③眼出精神，隨刀法變化，主要看眼神的神態，刀到哪眼到哪，目視前手刀的變化。

④人身整體是腰上、足、頭游擺，身靈自如，全在腳足。手上動態，腰的活躍，頭的左右轉動，整個人體形動態要體現一致性。

如三盤上中下行走中，腳足的抓力，腰的轉力，手的形態要協調，動作合體，形象舒展，放鬆開拓，動作優美大方。人的神態、所練的動作，表現出神靈，心氣合體，行動上就有力量。

人的整體動作：

行走步法，身體的活躍，手的形象，頭的轉動，眼的目視，全看人的動作協調，節奏分明，剛柔有力。所練的動作，心要活，隨心所欲。

（一）刀法動作分解

1.刀法有：

翻腕刀法、穿肘刀法、炮式刀法、劈刀法、鑽刀法、

穿刀法、撩刀法、纏背刀法、寬胸刀法、塌腰刀法、纏身刀法、裏身刀法、橫刀法、崩刀法、伸縮刀法、搭花刀法、搭叉刀法、繞身刀法、纏脖刀法、翻身刀法、下式刀法。不同的刀法在轉體旋轉纏繞中都互動一起，「練法心動如火起」，思維在刀上下功夫，不管怎麼練，纏、繞、裏、轉、擺、游、扣、翻等等，必須在前行要順，才能接連不斷地連接下一個動作，掌握好刀法的特點。

總之練刀離不開這些道理，掌握雙刀移動特點在人體上練的活躍，刀刀不離身上纏繞，就是盤身。

2.裡手的外手刀法，外手的裡手刀法的變用：

動行上是人的不同動作，表現出來各種刀形。刀形變化無窮，可看出不同動作所表現出的形態。如左手刀在前，右手刀是裡手刀，因為裡手刀護心。又如：右手刀的裡手刀，穿過左肘外側就是外手刀，同時左手縮肘回拉就是裡手刀了，護心分為前後手，所以說裡手刀的外手刀，外手刀的裡手刀，變化分為陰陽手刀。手握刀注意前後之分，前手刀與後手刀要左右配合。

3.刀法隨心所欲：

刀法是拳術演變在手上，用刀法去變換，在人體上纏繞，變用刀形，不是死規招，刀法的面向，旋轉的路線，纏繞轉向都隨著刀法去變化，必須動態一致，心合、意合、手合、肘合、眼合、步法合。

（二）刀法變化舉例

①如前手劈，手臂輪轉側身、轉腰，腿屈膝半蹲，腳

足跟隨。

②如右刀向左穿入左腋下，必然身向左側斜式，左肩下垂，腰隨著左撐，曲蹲坐胯刀法變，全身連動。

③如下式刀右腿朝右下伸直，腳尖扣地，左腿必然屈膝全蹲，右手刀朝下穿，左手刀朝左側腹中握，身向右轉，腰往下塌式。

④如右纏背刀，提肘過頂，手翻腕到背（全身動態），只要提肘過背纏繞，必然身向左側斜，右肩朝裡旋，刀尖朝下，刀背貼靠後背，翻腕掄出，所以必然全身移動。

⑤如貓洗臉形象，拳法上，在前臉左右由上到下裏；左手由上到頭頂朝右側臉下裏，同時右手由上到頭頂朝左側臉下裏。最少在前臉做三次小動作，洗臉動作要協調。在洗臉時，左右肩內旋，兩臂朝裡裏，側身擺動。刀法，擺動動作大，如右手刀向左臉去，提手屈肘，由上朝下落到左肩脖，從胸腹內下拉到腰部，這個動作叫貓洗臉。左右手刀貓洗臉，胸部靠出，就叫懷中抱月。動作配合嚴緊，轉動活躍，旋轉靈敏，擺扣按四正、四隅「方向變動」，腰身轉動不過力，要游身旋轉變換刀法，纏繞在身上，隨身變動（就是盤身刀法），關鍵是人的身形、動作有「神氣」，眼要出神態，動作機靈。

⑥從腰上講：腰扭、側斜都是腰的起動，纏轉、繞轉、行轉、翻轉、斜轉、扭轉、下式塌腰、前弓、後挺等轉動都是腰勁。全身力氣都在腰上，腰的力氣支配一切。伸手腰就要側轉，腰有挺拔勁。

（三）怎樣把雙刀練活

①雙手在握刀柄時不能握死勁，刀柄下面彩色的綢要長於刀身，主要練的是功夫，纏繞的刀法掄甩長飄搖上空，能看出刀飄空的風力和雙刀的雄風。隨轉體刀盤身纏繞活躍，演練過程中可看出神采。

②手腕要放鬆，翻腕繞轉，大拇指與食指握住刀柄，其他手指鬆開，如果全把握刀手有死勁，翻腕過背時，手腕有僵勁。只要兩指握住，刀下垂沒有死勁，身體放鬆，肩才能下垂，旋轉才能活躍，不管是翻腕、旋轉、繞轉、纏轉，兩手指握刀柄，刀法才能舒展，這就是刀法的巧勁。同時刀飄展雄風，長在空中飄飛，心情開闊，美觀舒展。

（四）刀法的形象動態

刀法的形象動態，既要旋轉，又要纏身、纏背、纏脖、繞腦，連貫不停地隨步法轉動，如龜背蛇腰，虎抱頭，懷中抱月，鷂子翻身，大鵬展翅，纏頭裹腦，鷂子入林，獅子滾繡球等都有不同的形象動作和特點。

1. 龜　背：

圓滑轉動，主要在背上，輪轉中，又纏腦又纏脖又纏背，如右手刀從左肩轉動同時靠背翻腕掄出，左手刀朝右肘下穿出，翻腕靠背時纏頭，右手刀再纏脖翻腕掄出，整個動作是在身體旋轉中完成。

2. 蛇　腰：

蛇有纏勁，形象曲弓，它有腰勁，盤身轉動就在腰

上，刀法纏在身上，刀要纏，腰要轉，配合一體，協調變動，就是盤身轉動。

龜背蛇腰纏轉是陰陽轉動，所有動作盤在身上，就是好身法，旋轉中能看出背力、纏勁。

3.虎抱頭：

隨著轉體左右刀纏頭的動作，右手刀屈肘上提，由左肩纏後背向右翻腕掄出，左手刀朝胸部穿入右肘下，向前攔撥，經左側翻腕纏頭，左右雙手刀纏頭裏腦，能看出形象的動態。

4.鷂子翻身：

用雙刀表示鷂子翻身的形象動態，雙刀掄轉縮身，兩臂內旋，右腿屈膝半蹲，同時左腿屈膝上提，腳尖朝下，身體向左側扭腰翻轉，右手刀朝左翻腕，刀尖朝下，往後掄轉，隨身變動。

5.鷂子入林：

隨著轉體，左手刀在前，右手刀在腹內。右手刀朝左肘下的外側穿過，同時左手刀再朝右肘下的外側穿過，身體左右側轉，兩腿曲蹲，向前側身變動。

形象的動態都有不同特點，是人的動態表現動物的象形。用刀法盤身繞轉，刀在身上神出鬼沒的變化，纏身行走步法緊跟隨，刀靠纏肩背，起落繞轉隨，雙刀搭叉纏頭繞，提肘裏腦兩臂裡外旋，側轉步法要擺扣，身轉游身四海行，刀法自如雲鶴遊天，刀法盤轉中心情開闊，刀掄甩有威風。

三、形意、八卦盤身刀（雙刀）演練套路

（一）形意、八卦盤身刀動作圖解說明

1.此刀術套路要求勢勢相連，連接緊湊，動作嚴謹。演練時旋轉自如，行步連體明快圓活。為了表達清楚，對每個動作做了分解說明。

2.動作一般是按步法、身法、刀法、眼法自下而上的順序敘述的，有加「同時」二字的是要求上下同時進行，要協調連貫。

3.動作的方向是以人體的前、後、左、右為依據，無論如何轉動，總是以身體面對的方向為前，背後的方向為後，身體左方為左，右方為右。範圖所示為面向前起勢，套路則向左右往復，有「8」字形路線，有弧形路線，也有直線路線。

4.此刀術套路初練時，可參照圖解動作演練，熟練後動作可增可減，隨心所欲。行走的方向：先練前後（南北或東西路線），後練四正、四偶路線，再練八卦、九宮路線。

5.所述的練法，手腳的動作一般是由手領腰帶轉，腳的擺扣是以腰帶動，手的內旋、外旋沿用流行說法，即手掌拇指側向掌背轉動為外旋，向掌心轉動為內旋。

6.演練時要求：以腰為軸，以肩催刀，身械協調，刀法隨走隨變，刀隨步活，步隨刀轉，意牽神連，上下相

隨，內外合一，勁力飽滿，一氣呵成。翻轉走穿，如游龍戲水，浪湧波旋；劈斬撩掛，若雲捲霧裏，雨驟風疾。刀法有：穿、刺、劈、掃、撩、掛、雲、斬、崩、挑、吊、按、截、鑽、切、裹、推、砍等。刀法綿綿不斷，滔滔不絕，似游龍，如飛鳳，變化萬千。

7. 因圖像過渡動作不多，有的未能準確地反映出演練時的動態，如動作圖與文字有差異，以文字描述為正確。

（二）形意盤身刀動作名稱

預　備　勢

1.並步抱刀	2.上步左右分刀

第　一　組

1.側身輪劈刀	2.右旋轉纏繞龜背刀
3.左虛步拜刀	4.左右雲撥刀
5.轉身纏脖刀	6.十字披紅雙劈刀
7.上步左右崩刀	8.進步劈刀
9.撤步輪劈刀	10.纏頭繞轉

第　二　組

1.轉身進步炮刀	2.順步左炮刀
3.纏頭裹腦	4.退步寬胸刀
5.進步右橫刀	6.撤步右鑽刀
7.轉身順步炮刀	8.進步崩刀
9.纏頭裹腦雲撥刀	10.繞轉纏脖刀

第　三　組

1.左右十字披紅	2.纏頭裹腦左炮刀

3.行步右炮刀 　　　　　4.轉身纏脖刀

5.行步十字披紅 　　　　6.繞轉纏頭裏腦

7.轉身右撩刀 　　　　　8.跳步雙劈刀

9.進步右鑽刀 　　　　　10.回身換步右劈刀

第　四　組

1.十字披紅 　　　　　　2.纏頭裏腦右橫刀

3.撤步右鑽刀 　　　　　4.轉身順步炮刀

5.猴洗臉、貓洗臉 　　　6.左龜背蛇腰纏脖刀

7.右龜背蛇腰纏脖刀 　　8.行步十字披紅

9.纏頭裏腦 　　　　　　10.轉身搭刀

收　勢

（三）形意盤身刀動作說明及圖解

預　備　勢

1.並步抱刀

面朝前（南方）兩腿並步
站立，兩臂下垂。左手虎口朝
前，雙刀合攏，食指和中指夾
住刀柄，無名指和小指握住刀
盤，刀背貼靠左手臂，刀刃朝
前，刀尖朝上；右手五指併
攏，垂於身體右側，掌指朝
下。眼平視前方。（圖11－1）

圖11－1

2.上步左右分刀

(1)兩腿曲蹲坐跨，左手刀往右腰靠攏，左腳向前上

圖11-2

圖11-3

步弓腿，右腿伸直，成左弓步；右手推左刀柄，兩手自身體右側提至胸前，右手虎口對刀柄，呈接刀勢，眼視雙手。（圖11-2、3）

（2）上動不停，右腳向前上步曲蹲坐胯，兩腳並步，右手接握一刀刀柄，兩手各握一刀，同時反腕向前輪轉一圈，雙刀下落身體兩側，手靠在兩胯旁，刀刃朝下，刀尖朝前，眼平視前方。（圖11-4、5）

【要點】扭腰起步、曲腿坐胯、上步、推手要協調一致，氣沉丹田，輪轉手腕靈活，兩刀協調一致。

第　一　組

1.側身輪劈刀

上動不停，兩腳不動，身向右側轉；左右兩手刀同時向右側後再向上輪轉，身體再向左轉，重心移向右腿，左腳略抬落地，成左虛步（面東）；雙手刀同時由下朝上往

圖11-4

圖11-5

圖11-6

圖11-7

前輪劈至體前，左手在前，右手在後，刀尖均朝上，兩刀
立刀平行，眼視前方。（圖11-6、7）

　　【要點】此式有兩個轉腰，先右後左要連貫，兩刀相
合，左腳抬腳落地與劈刀一致，力達刀前身。

2.右旋轉纏繞龜背刀

(1)上動不停,兩腳不動,兩刀倒橫,左手刀拉回,右手刀往左手刀前推刀,右手刀拉回,停在左腋下,同時左手刀再往右手刀上向前推出,與肩平,兩刀刃朝前,刀尖朝左,眼視前手刀。(圖11-8)

(2)上動不停,重心略前移,右腳往右後擺步,左腳經體前向右側扣步,身向右旋轉;同時左手刀手臂內旋,以刀尖朝向右,刀背貼臂靠背過頭頂輪轉,隨身體繼續右轉,當過頭頂時臂外旋向前向右平掃至身體右側腋下,刀背靠肋,刀尖朝右後;右手刀同時手臂外旋向右雲撥至右肩外時,手臂內旋,刀背靠背過頭頂,從左側脖下靠胸向腹前下拉,刀尖朝向左上,眼視前方(面東)。(圖11-9、10、11、12、13)

【要點】兩腳擺扣要清楚,扭腰起步、轉體、裹胸、輪轉、雲撥,刀要連貫,旋轉速度要快,重心要穩,纏頭

圖11-8

圖11-9

圖11－10

圖11－11

圖11－12

圖11－13

時刀背貼肩靠背，過頭下拉時要貼胸，動作上下協調一致。

3.左虛步拜式

上動不停，右腳向後撤步，曲蹲坐胯，左腳前腳掌朝前著地，身體向右側轉，成左虛步（東南）；同時右手刀

圖11－14

圖11－15

下拉至右胯時手臂外旋，以刀尖向後、向上、向前輪轉，刀刃朝上，刀尖朝前；左手刀位置不變，眼視前方。（圖11－14、15）

【要點】以腰帶刀，轉體後甩刀輪轉，動作協調。

4.左右雲撥刀

(1)上動略停，左腳向前墊步，繼而右腳向前上步，行走蛇行步（連走三步），身微左轉（面向東偏北）；同時右手刀向下以刀背從左脖下靠胸腹下拉，左手刀從右肘下向右前伸出，再以刀背向左平行雲撥，眼視左手刀尖。（圖11－16、17、18）

(2)上動不停，左腳向前上步，右腳向右前方進步，行走蛇行步，身微右轉；同時左手刀以刀刃向裡向胸前裹刀，再腕內旋以刀背從右脖下拉，右手刀從左肘下向左前伸出，再以刀背向右平行雲撥，眼視右手刀尖。（圖11－

圖11－16　　　　　圖11－17　　　　　圖11－18

圖11－19　　　　　圖11－20　　　　　圖11－21

19、20）

　　(3)上動不停，右腳向前上步，左腳向左前方進步，行走蛇行步；其手足動作同動作①。（圖11－21、22、23）

圖11－22　　　　圖11－23　　　　圖11－24

【要點】行步時身體重心要平衡，雲撥刀時腰要轉，以腰催肩，以肩催手，力達刀背，左右手、肘與左右腳、膝相合。

5.轉身纏脖刀

圖11－25

(1)上動不停，左腳向左前擺步，右腳向左前扣步，身向左後轉；同時左手刀向胸前裹刀由胸腹下拉至左胯側，隨轉體右手刀上提從頭部左側過頭頂，刀靠緊貼胸窩，刀尖朝下，眼隨轉身平視。（圖11－24、25）

(2)上動不停，左腳向前上步（面西），同時右手刀過頭頂手臂外旋刀由背後向前平掃，

圖11－26　　　　　圖11－27　　　　　圖11－28

刀與胸平，刀刃朝左，刀尖朝前，眼視右手刀。（圖11－26、27）

6.十字披紅雙劈刀

上動不停，右腳向前上步，兩腿曲蹲坐胯，身向左側轉；右手刀手臂內旋向下回掛在胸前與左手刀兩前臂交叉，繼而刀背靠左臂外側由下向上向前輪劈，再從體前下落至左跨旁，刀刃朝下，刀尖朝後；左腳向前上步，左手刀同時翻腕向左後甩刀上舉再向前輪劈，刀刃朝前下，刀尖朝前上，眼視左手刀。（圖11－28、29、30）

圖11－29

圖11－30

7.上步左右崩刀

上動不停，右腳向前上
步，同時右手刀從左手刀肘
下向前刺出，左手刀從右手
刀上回拉至左腹側；隨身體
前移，同時左手刀從右手刀
肘下向前刺出，右手刀從左
手刀上回拉，兩刀尖朝前，
刀刃朝下，眼平視前方。
（圖11－31、32）

圖11－31

圖11－32

8.進步劈刀

上動不停，右腳向前進步，行走連環步；同時左手刀
腕外旋繞立圓（鉸刀）下落至左胯側，右手刀手臂外旋刀
尖向後，曲臂上提由後向前劈出，右手刀刀刃朝前下，刀
尖朝前上，左手刀刀刃朝下，刀尖朝前，眼視右手刀尖。

圖11－33　　　　　　　　圖11－34

（圖11－33、34）

9.撤步輪劈刀

上動不停，右腳向後撤一步，左腳隨之撤至右腳內側，繼而向前再進步；同時右手刀向下拉回右胯旁，左手刀手臂外旋刀尖向後，曲臂上提由後向前輪劈，左手刀刀尖朝前上，刀刃朝前下，右手刀刀尖朝前，刀刃朝下，眼視左手刀尖。（圖11－35、36）

圖11－35　　　　　　　　圖11－36

圖11-37

圖11-38

10.十字披紅，纏頭繞轉

(1)上動不停，右腳向前上步，同時右手刀手臂外旋，曲臂上提由後向前輪劈，刀尖朝前上，刀刃朝前下；左手刀手臂內旋，手心向下，向後刀背貼靠右肋，刀尖朝後，眼視右手刀尖。(圖11-37)

(2)上動不停，身向左側轉；同時右手刀手臂內旋扣腕以刀背向下向後輪轉，兩手臂在身左側腹前交叉，左手刀刀尖朝前上，刀刃朝前下，右手刀刀尖朝後，刀刃朝下，眼平視前方。(圖11-38)

(3)上動不停，右腳提起再向前上步，身向右側轉；同時，右手刀由後向前下輪劈，刀刃進前，左手刀臂旋向左後，刀刃朝前下，眼視前方。(圖11-39)

(4)上動不停，右手刀內旋扣腕，回掛至左腋下，手心向下，刀背貼靠左肋，刀刃朝下，刀尖朝後；左手刀曲臂上提由後向前輪劈，刀刃朝下，刀尖朝前，眼平視前

圖11－39　　　　　圖11－40

方。（圖11－40）

　　(5)上動不停，左腳向右前側扣步，身體向右後轉，隨轉體右腳向右後擺步，左腳隨之上步，右腳再上步（面向東南）；同時左手臂內旋扣腕，以刀尖朝向右，刀背貼臂靠背過頭頂輪轉，隨身體繼續右轉，臂外旋向下至身體左胯旁；右手刀右臂外旋，向右雲拔至右肩外時，手臂內旋，刀背靠過頭頂，從左側脖下向胸腹前下拉，停靠在右胸前，手心向下，刀尖朝左前；左手刀再從右肘下向前穿出，手心向上，刀尖朝前，眼視左手刀尖。（圖11－41、42、43、44、45）

第　二　組

1.轉身進步炮刀

　　上動不停，左腳向左前方上步，身體向左側轉；同時左手刀以刀刃向內裏刀再臂內旋扣腕，以刀背從右脖側向

圖11－41

圖11－42

圖11－43

圖11－44

圖11－45

胸腹下拉；右腳向左前方扣步，行步連環步，左腳在前成
三體式；同時如炮拳，左手刀由下向上提起，刀刃朝上，
刀尖向右，提至與頭部同高時向左側畫弧至左側頭上停
住，刀刃朝上，刀尖朝前，右手刀經腹部向前反手刺出，

圖11－46　　　　　圖11－47　　　　　圖11－48

手臂微曲，兩刀身平行，刀刃朝上，刀尖朝前方，右手刀尖與左腳成一條直線，斜身成拗步，眼視右手刀尖。（圖11－46、47、48）

2.順步右炮刀

上動不停，右腳向右前方上步，左腳再向前上步，身略向右側轉；同時左手刀下落至左腰側，再

圖11－49

向前反手刺出，刀刃朝上，刀尖朝前，右手刀回拉至腹中，再向上提起，與頭部同高時向右側畫弧至右側上，刀刃朝上，刀尖向前，成順步炮刀。（圖11－49）

173

圖11-50

圖11-51

3.纏頭裹腦

(1)上動不停，重心微前移，右腳向右後擺步，左腳向右側扣步，身體向右後轉；同時右手刀由上下落以刀尖向左腋下插刀，貼靠在左肋處，左手刀手臂內旋扣腕以刀尖向右，刀背貼臂靠背過頭頂輪轉，眼向右後平視。（圖11-50）

(2)隨身體右轉，右腳向前順步（面向南）；同時左手刀手臂外旋向前向右平掃至身體右側腋下，刀背靠肋，刀尖朝右後；右手刀手臂外旋從左腋下向前以刀背向右雲撥至右肩外時，手臂內旋，曲臂上提，刀背靠背過頭頂，從左側脖下向胸腹前下拉，刀背貼胸，刀尖朝向左上，眼視前方。（圖11-51）

4.退步寬胸刀

上動不停，右腳向後退半步，左腳隨之撤回右腳內側

再向前上步，身略向右側轉；同時左手刀從右手刀肘下向右前穿出，再向胸前回裏，手臂內旋至頭右側，從右側脖下向胸腹前下拉，刀背貼胸，刀尖朝向右上，眼視前方。（圖11－52、53）

圖11－52　　　　　　　　　圖11－53

5.進步右橫刀

上動不停，右腳向前上步，行走連環步；同時右手刀從左手刀肘下向前雲撥至右前方時，曲臂上提，手臂內旋過頭頂由左側脖下向前橫出，頭刀刃朝前，刀尖朝左，左手刀在腹前，刀刃朝前，刀尖朝右，眼視前方。（圖11－54、55、56）

6.撤步右鑽刀

上動不停，右腳向後撤步，左腳隨之撤回右腳內側再向前進步，右腳再向前進步；同時右手刀向左輪轉，當過頭頂時手臂外旋曲臂向下落至右胯旁，手心朝上，刀尖朝

圖11－54

圖11－55

圖11－56

圖11－57

前；左手刀手臂外旋向前向左雲撥至左肩外時，曲臂上提，手臂內旋過頭頂向下經右脖側向前橫出，刀刃朝前，刀尖朝右；右手刀再從下上提由左手刀上向前鑽出，刀刃朝左，刀尖朝前，刀尖與腳尖上下相齊，眼視右手刀尖。（圖11－57、58、59）

7.轉身順步炮刀

上動不停，左腳向右前方扣步，身體向右後轉，右腳向後擺步，左腳再向前上步（面向北）；同時右手刀外旋翻腕刀轉立圓，再向後撩出，由胸前向上向右側至頭上，

圖11－58　　　　　　　　　圖11－59

刀刃朝上，刀尖朝前；左手刀由腹中向前反手刺出，刀刃
朝上，刀尖朝前，左手刀刀尖與左腳上下相齊，眼視左手
刀尖。（圖11－60、61、62）

圖11－60　　　　　　圖11－61　　　　　　圖11－62

圖11－63

8.進步崩刀

上動不停，右腳向前上步，左腳跟進右腳內側；同時右手刀下落至右腰側，向前從左手刀下向前刺出，刀尖向前，刀刃側向下，左手刀同時從右手刀上向後回拉至右胯旁，刀尖朝前，刀刃朝下，眼視前方。（圖11－63）

9.纏頭裹腦雲撥刀

上動不停，左腳向前上步，行走連環步，左腳上前扣步，右腳擺步，身體向右側轉（面東）；同時左手刀由下向上向前以刀尖向右輪轉，至右臂時貼肩靠背過頭頂，臂外旋向左向前再向右平掃至右腋下，刀背靠肋，右手刀同時手臂內旋先向左側回靠，再手臂外旋向前向右雲撥至右肩外時，手臂內旋，曲臂上提，刀背靠背過頭頂，從左側脖下向胸腹前下拉；左手刀再從右手肘下向前向左雲撥，左手刀刀背朝外，刀尖朝左前，右手刀刀刃朝前，刀尖朝向左，眼視左手刀。（圖11－64、65、66）

10.繞轉纏脖刀

上動不停，右腳向前上步，（走行步）左腳向左側擺步，右腳向左側扣步，身體向左後轉（面西）；同時左手刀向回裹刀至胸前，手臂內旋向胸腹下拉至體前，刀刃朝

圖11－64

圖11－65

圖11－66

圖11－67

外，刀尖朝右；右手刀上提由胸前至頭部左側過頭頂，刀
背緊貼胸窩，手臂外旋刀向背後再向前輪砍，刀與胸平，
刀刃朝左，眼視右手刀。（圖11－67、68、69）

圖11-68

圖11-69

第 三 組

1.左右十字披紅

(1)上動不停，左腳向前上步（走行步），身體向左側轉；同時右手刀內旋向下回掛在左側腹前與左手刀兩前臂交叉，左手刀刀刃朝前下，刀尖朝前上，右手刀刀刃朝下，刀尖朝後，眼視前方。（圖11-70）

(2)上動不停，身體向右側轉；同時右手刀由下向上向前掄劈，再手臂內旋回掛至左腋下，刀背靠肋，刀尖朝後，左手刀由右腋下手臂外旋向後回帶刀，刀刃朝左，刀尖朝下，眼視前方。（圖11-71）

2.纏頭裹腦左炮刀

上動不停，右腳向左前方扣步，左腳向右擺步，身體向左後轉，行走蛇行步（面東）；同時左手刀手臂內旋扣腕以刀尖向右後回掛至右臂時貼肩靠背過頭頂，臂外旋向

圖11－70

圖11－71

右下落至右胯旁；右手刀
同時臂外旋翻腕向前向右
雲撥至右肩外時，手臂內
旋曲臂上提，刀背靠背過
頭頂，從左側脖下下拉至
腹前；同時左手刀從右手
刀肘下向左前穿出，再
向胸前回裹，手臂內旋至
頭右側，繼而向上提起至
頭上向左畫弧，停在頭左
側上，刀刃朝上，刀尖

圖11－72

朝前，右手刀由腹部向前反手刺出，手臂微曲，兩刀身平
行，刀刃朝上，刀尖朝左前方，右手刀刀尖與左腳成一條
直線，眼視右手刀尖。（圖11－72、73、74）

181

圖11－73　　　　　　　　　圖11－74

圖11－75　　　　　　　　　圖11－76

3.纏頭繞轉右炮刀

上動不停，右腳向右前方擺步，左腳向右前側扣步，身體向右後轉，行走蛇行步（面西）；其手足動作與纏頭裹腦左炮刀相同，唯左右相反，參見左式。（圖11－75、76、77）

4.回身纏脖刀

上動不停，右腳向左前方扣步，左腳向左側擺步，身體向左後轉（面東）；同時左手刀向胸前裹刀，由胸再向前橫推，隨轉體右手刀上提至頭部左側過頭頂，刀背緊貼左胸窩，刀尖朝下。當過頭頂時，手臂外旋刀由背後再向前平掃，刀與胸平，刀刃朝左，刀尖朝前，眼視右手刀。(圖11－78、79)

圖11－77

圖11－78

圖11－79

5.行步十字披紅

上動不停，右腳向前上步，身體向左側轉，行步連環

步；右手刀內旋向下回掛在腹前與左手刀兩手前臂交叉，繼而刀靠左臂外側由下向上向前輪劈，再扣腕回掛至左腋下，刀背靠肋，刀尖朝後；左手刀向左後甩刀，刀刃朝後，刀尖朝下，眼視前方。（圖11－80、81、82）

圖11－80　　　圖11－81　　　圖11－82

6.繞轉纏頭裹腦

上動不停，右腳向右前側擺步，左腳向右後扣步，身體向右旋轉一圈；其手足動作同纏頭裹腦式，參見纏頭裹腦式。（圖11－83、84）

7.轉身右撩刀

上動不停，身體繼續右轉，右腳向前上步，成三體式（面南）；同時右手刀由左脖側下拉順右腿內側向前反撩至右腿前時，手臂外旋翻腕刀尖上挑，刀刃朝前，刀尖朝上，左手刀順勢在右臂外立刀，刀背貼臂，刀尖朝上，眼平視前方。（圖11－85、86、87）

圖11-83

圖11-84

圖11-85

圖11-86

圖11-87

8.跳步雙劈刀

上動不停，右腳提起，左腳蹬地跳起，雙腳離地，身體騰空；右腳下落，左腳向前落步，成跳步三體式（面

南）；同時左手臂外旋，右手臂內旋，右手刀向身體左後甩刀，再輪轉向上向前下劈出，左手刀在前，刀刃朝前下，刀尖朝前上，右手刀刀刃朝下，刀尖朝前，成左劈刀式，眼視左手刀尖。（圖11－88、89）

圖11－88

圖11－89

圖11－90

9.進步右鑽刀

上動不停，右腳向前上步屈蹲，左腳提起跟進成右獨立式；同時左手刀手臂內旋扣腕回拉至左胯旁橫刀，刀刃朝下，刀尖朝前；右手刀由腹中向前鑽出，刀刃朝左，刀尖朝前，眼視右手刀尖。（圖11－90）

10.回身換步右劈刀

上動不停，左腳向左後擺步，身體向左後轉，右腳隨之向左前上步（面北）；同時右手刀隨轉身向前輪劈，刀刃朝前下，刀尖朝前上，左手刀在右腋下，刀刃朝下，刀尖朝後，眼平視前方。（圖11-91）

圖11-91

第 四 組

1.十字披紅

上動不停，左腳向前上步，右腳隨之再上步，身向左側轉；同時右手刀手臂內旋扣腕向下回掛至腹前與左手刀兩前臂交叉，繼而刀靠左臂外側由下向上再向前輪劈，刀刃朝前，刀尖朝上；左手刀同時手臂外旋翻腕輪轉，向左後甩刀，刀刃朝左，刀尖朝後，眼平視前方。（圖11-92、93）

圖11-92

圖11-93

2.纏頭裹腦右橫刀

圖11-94

上動不停，左腳向右前方扣步，右腳向右後方擺步，身體向右旋轉一圈（面北），其手足動作與前述纏頭裹腦式相同（參照前纏頭裹腦式），身轉體後行步，同時右手刀從左脖側向前橫出，高與肩平，右腳、右手刀在前，刀刃朝前，刀尖朝左，左手刀在腹前，刀刃朝前，刀尖朝右，眼平視前方。（圖11-94、95、96）

3.撤步右鑽刀

上動微停，右腳向後撤一步，左腳回撤至右腳內側再向前進步，右腳再向前進一步；左右手刀動作與前述撤

圖11-95

圖11-96

圖11-97　　　　　圖11-98　　　　　圖11-99

步右鑽刀相同，參見前第二組撤步右鑽刀。（圖11-97、98、99）

4.轉身順步炮刀

上動不停，左腳向右側前方扣步，身體向右後轉，右腳向後擺步，左腳再向前上步（**面南**）；左右手刀動作與前述轉身順步炮刀相同。（圖11-100、101）

5.猴洗臉，貓洗臉

上動不停，左腳向前墊步，右腳向前上步，左腳隨之向前再上步，行走連環，身向左側轉，再向右轉；兩手刀同時下落在胸前交叉，左手刀上提以刀尖向右後，刀背靠背過頭頂掄轉，當過

圖11-100

圖11－101　　　　　圖11－102　　　　　圖11－103

圖11－104

頭頂時，手臂向下落至左胯旁，刀刃朝外，刀尖向前，右手刀同時手臂外旋向右雲撥至右肩外時，曲臂上提過頭頂，刀背靠背從左脖下向胸脖下拉，刀刃朝外，刀尖朝後。（圖11－102、103、104）

6.左龜背蛇腰纏脖刀

上動不停，右腳向右前方擺步，左腳向右前方扣步，身體向右後旋轉一圈，行走八卦步（面南）；右手刀先從左脖側下拉至腹部再向左脅靠刀背貼肋，同時左手刀以刀尖向右，刀背貼臂靠背過頭頂輪轉，隨身體右轉，手臂外旋向前向右平掃至身體右

190

圖11－105

圖11－106

側腋下，刀背靠肋，刀尖朝右後；右手刀同時手臂外旋，向右雲撥至右肩外，手臂內旋，兩臂上提，刀背靠背過頭頂，從左側脖下向胸前橫推刀，刀刃朝外，刀尖朝左前；左手刀隨之再由右腋下上提從頭部右側過頭頂，刀背緊貼胸窩，當過頭頂時，臂外旋刀向背後再向

圖11－107

前平掃，刀與肩平，刀刃朝右，刀尖朝前，眼視左手刀。（圖11－105、106、107、108、109）

圖11－108

圖11－109

7.右龜背蛇腰纏脖刀

上動不停，左腳向左後擺步（面東），右腳向左側扣步，身體向左後旋轉一圈，行走八卦步（面西）；其手足動作與左式相同，唯左右相反。（圖11－110、111、112、113）

圖11－110

圖11－111

圖11－112

圖11－113

8.行步十字披紅

　　上動不停，左腳在前，身向左側轉，行走蛇行步；右手刀手臂內旋向下回掛在腹前與左手刀兩前臂交叉，繼而由下向上向前輪劈再回掛向後，刀靠背肋，刀尖朝後；左手刀同時手臂外旋由右腋下向前向左雲撥至左肩外時，手臂內旋曲臂上提，刀刃朝左，刀尖朝前，眼平視前方。（圖11－114、115）

圖11－114

9.纏頭裹腦

　　上動不停，右腳向前擺步，左腳再向右前方扣步，身體向右旋轉一圈，行走八卦步；其手足動作與前述纏頭裹

圖11－115

圖11－116

腦式相同。（圖11－116）

10.轉身搭刀

上動不停，右腳向後回撤一步，左腳向右腳並步；隨身體右轉，右手刀由左脖側向胸前下拉，兩刀在身前搭叉，右手刀在上，左手刀在下，刀刃朝外，刀尖朝前下，眼平視前方。（圖11－117、118）

圖11－117

圖11－118

收　勢

上動不停，身體直立，同時左右手雙刀胸前合抱，右手刀交於左手，左手抱刀兩手下垂，如預備式。（圖11－119、120、121）

圖11－119　　　　　圖11－120　　　　　圖11－121

（四）游身八卦盤身刀動作名稱

預　備　勢

1.並步抱刀　　　　　　　2.上步左右分刀

第　一　組

1.側身輪劈刀　　　　　　2.右旋轉纏繞龜背刀

3.左虛步拜式　　　　　　4.左右雲撥刀

5.青龍轉身　　　　　　　6.纏頭繞轉

7.下式左右斬刀　　　　　8.黑虎出洞，肘下穿刀

第 二 組

1. 懷中抱月反撩刀　　　2. 猴洗臉繞脖刀
3. 十字披紅，纏頭裹腦　4. 回身猴坐堂
5. 纏頭繞轉　　　　　　6. 鷂子入林，順步炮刀
7. 行步橫推刀　　　　　8. 纏頭裹腦，鷂子鑽天

第 三 組

1. 上步白猿獻果　　　　2. 撤步猴坐堂
3. 行步肘下穿刀　　　　4. 青龍轉身
5. 烏龍盤柱　　　　　　6. 纏頭裹腦，肘下穿刀
7. 行步橫推刀　　　　　8. 撤步後斬刀

第 四 組

1. 猴洗臉，貓洗臉　　　2. 繞脖掄劈刀
3. 行步十字披紅　　　　4. 龜背蛇腰纏脖刀
5. 行步左右鑽刀　　　　6. 青龍擺尾
7. 起身掄劈刀　　　　　8. 纏頭裹腦

第 五 組

1. 行步左右撩刀　　　　2. 進步肘下鑽刀
3. 纏頭裹腦橫推刀　　　4. 猴貓洗臉，上步穿刀
5. 回身懷中抱月　　　　6. 行步左右寬胸刀
7. 回身懷中抱月　　　　8. 行步寬胸刀

第 六 組

1. 纏頭裹腦，獅子滾球　2. 纏頭裹腦繞脖刀
3. 十字披紅，纏頭裹腦　4. 回身右撩刀
5. 跳步雙劈刀　　　　　6. 轉身橫推刀
7. 猴貓洗臉右鑽刀　　　8. 纏頭裹腦，獅子滾球

196

第　七　組

1.十字披紅下盤刀　　　　2.繞轉纏身中盤刀

3.頭上楊花上盤刀　　　　4.十字披紅，獅子滾球

5.纏頭裹腦，頭上揚花　　6.十字披紅，獅子滾球

7.纏頭裹腦獅子滾球　　　8.十字披紅，纏頭裹腦

收　式

1.並步搭刀　　　　　　　2.合身抱刀

（五）游身八卦盤身刀動作說明及圖解

預　備　勢

1.並步抱刀

面朝前（南方）兩腿並步站立，兩臂下垂，左手虎口朝前，雙刀合攏，食指和中指夾住刀柄，無名指和小指握住刀盤，刀背貼靠左手臂，刀刃朝前，刀尖朝上；右手五指併攏，垂於身體右側，掌指朝下，眼平視前方。（圖11－122）

圖11－122

2.上步左右分刀

(1)兩腿微曲，左手刀往右腰靠攏，左腳上前弓腿，右腿伸直，成左弓步；右手推左刀柄，兩手自身體右側提至胸前，右手虎口對刀柄，呈接刀勢，眼視雙手。（圖11－123、124）

圖11－123

圖11－124

　　(2)上動略停，右腳向前上步曲蹲坐胯，兩腳並步，右手接握一刀刀柄，兩手各握一刀，同時反腕向前輪轉一圈，雙刀下落身體兩側，手靠在兩胯旁，刀刃朝下，刀尖朝前，眼平視前方。（圖11－125、126）

圖11－125

圖11－126

【要點】扭腰起步，曲蹲坐胯，上步推手要協調一致，氣沉丹田，輪轉手腕靈活，兩刀協調一致。

第　一　組

1.側身輪轉刀

上動不停，兩腳不動，身向右側轉；左右兩手刀同時向右側後再向上輪轉，身體再向左轉，重心移向右腿，左腳略抬向前落地，成左虛步（面東）；雙手刀同時由後朝上往前掄劈至體前，左手在前，右手在後，兩刀立刀平行，刀尖均朝上，眼視前方。（圖11－127、128）

【要點】此式有兩個轉腰，先右後左要連貫，兩刀相合，左腳抬腳落地與劈刀一致，力達刀前身。

圖11－127　　　　　　　　　　圖11－128

2.右旋轉纏繞龜背刀

(1)上動不停，兩腳不動，兩刀倒橫，左手刀拉回，

199

圖11－129

右手刀往左手刀前推刀再拉回，停在左腋下，同時左手刀再往右手刀上向前推出與肩同平，兩刀刀刃朝前，刀尖朝左，眼視前手刀。（圖11－129）

(2)上動不停，重心略前移，右腳往右後擺步，左腳經體前向右側扣步，身向右旋轉；同時，左手刀手臂內旋，以刀尖朝向右，刀背貼臂靠背過頭頂輪轉，隨身體繼續右轉，當過頭頂時，臂外旋向前向右平掃至右側腋下，刀背靠肋，刀尖朝右後；右手刀同時手臂外旋向右雲撥至右肩外時，手臂內旋，刀背靠背過頭頂，從左側脖下向胸前下拉，刀背貼胸，刀尖朝向左後，眼視前方。（圖11－130、131）

圖11－130

圖11－131

【要點】兩腳擺扣要清楚，扭腰起步，裹腦、輪轉、雲撥，刀要連貫，旋轉速度要快，重心要穩，纏頭時刀背貼肩靠背，過頭下拉時要貼胸，動作上下協調一致。

3.左虛步拜式

上動不停，右腳向後撤步，屈蹲坐胯，左腳前腳掌朝前著地，身體向右側轉，成左虛步（面東）；同時右手刀下拉至右胯時手臂外旋，以刀尖向後向上向前輪轉，刀刃朝上，刀尖朝前，左手刀位置不變，眼視前方。（圖11－132、133）

【要點】以腰帶刀，轉體後甩刀輪轉，動作協調。

圖11－132　　　　　　　圖11－133

4.左右雲撥刀

(1)上動略停，左腳向前墊步，繼而右腳向前上步，行走蛇行步（連步三步），身微左轉；同時，右手刀向下以刀背從左脖下向胸腹前下拉，左手刀從右肘下向前伸出，再以刀背向左平行雲撥，左手刀與右腳在前，眼視左

圖11-134

圖11-135

圖11-136

手刀。(圖11-134、135)

(2)上動不停，左腳向前上步，右腳向右前方進步，行走蛇行步，身微向右轉（面向東偏南）；同時左手刀以刀刃向裡向胸前裹刀，再腕內旋以刀背從右脖側下拉，右手刀從左肘下向左前伸出，再以刀背向右平行雲撥，繼而以刀刃向胸前裹刀，手腕內旋以刀背從左脖側下拉，左手刀從右肘下向前再伸出，左手刀與右腳在前，眼視左手刀尖。(圖11-136、137、138)

【要點】行步時身體重心要平衡，雲撥刀時腰要轉，以腰催肩，以肩催手，力達刀背，左右手、肘與左右腳、膝相合。

圖11－137　　　　　　　　　圖11－138

5.青龍轉身

上動不停，左腳向右前扣步，右腳向右擺步，身向右側轉；同時左手刀臂內旋扣腕，以刀尖向右輪轉，刀背貼右臂，刀尖朝下，右手刀刀背靠左肋，刀尖朝後，眼視身後。（圖11－139、140）

圖11－139　　　　　　　　　圖11－140

6.纏頭繞轉

上動不停，左腳向右前扣步，右腳向右擺步，左腳再向前上步，身體向右旋轉（面東）；同時左手刀上提過頭頂，刀背靠背，隨身轉臂外旋由後向前向右平掃至身體右側腋下，刀背靠肋，刀尖朝後，右手刀隨身轉，手臂外旋，從左向前向右雲撥，再手臂內旋反腕屈肘至右肩上，刀背靠背過頭頂從左側下拉，刀背貼胸，刀尖朝上，眼隨轉身平視。（圖11－141、142）

圖11－141　　　　　　圖11－142

7.下式左右斬刀

上動不停，身體重心前移至左腿，身向前傾，再向右側轉身，塌腰仆腿，成右下式（面向西）；同時右手刀下拉，兩手在胸前交叉，繼而在右腳前向左右側斬出，兩刀平行，刀刃朝外，刀尖朝前，眼平視前方。（圖11－143、144）

圖11－143

圖11－144

8.黑虎出洞，肘下穿刀

上動不停，身體上起向左旋轉，隨轉身，右腳向左腳前側扣步，左腳提起（面向西）；同時右手刀以刀尖向左，刀背貼臂靠背過頭頂輪轉，隨身轉臂外旋向下落在右胯側，左手刀先向右刀背靠右肋，隨身轉手臂外旋從右向前向左雲撥，再手臂

圖11－145

內旋屈肘上提至左肩上，刀背靠背過頭頂從右側脖下向胸腹下拉至左胯旁，刀刃朝外，刀尖朝前，右手刀再從左肘下向前穿出，刀尖朝前，刀刃朝左，眼視前手刀尖。（圖11－145、146、147、148）

圖11－146　　　　圖11－147　　　　圖11－148

第 二 組

1.懷中抱月反撩刀

(1)上動不停，左腳向前落地，右腳向前進步，身向左側轉；同時右手刀向左向後裹刀至左肩側向胸前下掄，

兩前臂胸前交叉，右手刀刀刃朝外，刀尖朝上，左手刀刃朝下，刀尖朝前，眼平視前方。（圖11－149、150）

(2)上動不停，左腳向前上步，身向右側轉；同時右手刀以刀刃向下向前反撩，刀尖朝下，刀刃朝前；左手刀刀尖朝前，刀

圖11－149

206

圖11－150

圖11－151

刃朝下，眼視前方。（圖11－151）

2.猴洗臉繞脖刀

(1)上動不停，向前行走連環步；同時右手刀由前向右後輪轉下落至右胯旁，左手刀屈臂向左後過頭頂從右側脖下向前推出，右手刀上提至頭左側，刀背貼靠左腋下，刀尖朝下，左手刀刀刃朝前，刀尖朝右，眼視前方。（圖11－152、153）

(2)上動不停，身體略左轉，右手刀過頭頂，屈臂外旋，刀尖向左，刀刃朝上，左手刀同時向下落在左胯旁，刀刃朝前，刀

圖11－152

圖11－153

圖11－154

尖向右，眼視前方。（圖11－154）

3.十字披紅，纏頭裹腦

（1）上動不停，左腳向前上步，右腳再向前方上步，身體向左側轉；同時右手刀由後向體前掄砍，再手臂內旋以刀背向下向左後掛刀，兩手臂在腹前交叉，繼而右手刀以刀刃由後向上再向前掄劈，刀刃朝前，刀尖向上，左手刀臂外旋，以刀尖向左後甩刀，刀刃朝後下，刀尖向後，眼視右手刀。（圖11－155、156）

（2）上動不停，左腳向前扣步，右腳向右擺步，身體向右旋轉；同時左手刀由左後向前臂內旋以刀尖向右刀背靠背過頭頂，向左向前輪轉至右側腋下，刀背靠右肋；右手刀先手臂內旋回掄至左腋下，再從左肋腋下，手臂外旋從左向前，向右雲撥，再手臂內旋屈肘上提至右肩上，刀背靠背過頭頂從左側脖下拉，刀背貼胸，刀尖向上，眼視

圖11－155

圖11－156

圖11－157

圖11－158

前方。（圖11－157、158）

4.回身猴坐堂

　　上動不停，身體向右後轉（面向北），右腳向前上
步，隨左腿曲蹲再撤回左腳前，屈膝腳尖著地；同時右手

209

圖11－159

圖11－160

刀由胸腹下拉向右前撩出，隨身體重心後坐拉回在體前，右手刀在前，左手刀在後，兩刀尖均朝前，刀刃朝下，眼視前方。（圖11－159、160）

5.纏頭繞轉

上動略停，右腳向前擺步，左腳向右前扣步，身體向右旋轉，行走八卦步，繞一小圈；同時左手刀以刀尖向右，刀背貼臂靠背過頭頂輪轉，隨身轉臂外旋，向前向右平掃至身體右側腋下，刀背靠肋；右手刀先向左，刀背靠肋，隨身轉手臂外旋向前向右雲撥，再手臂內旋屈肘上提至右肩上，繼而刀背靠背過頭頂從左側脖下向胸前下拉，刀尖朝上，眼視前方。（圖11－161、162、163、164）

6.鷂子入林，順步抱刀

上動不停，右腳向前上步，左腳再向前進步，身體向右側轉；同時右手刀由胸前向上提起，刀刃朝上，當提至

圖11－161　　　　　　　　圖11－162

圖11－163　　　　　　　　圖11－164

與頭部同高時向右側畫弧至右側頭上，刀刃朝上，刀尖朝前；左手刀經腹部向前反手刺出，手臂微曲，刀刃朝上，刀尖朝前方，眼視左手刀尖。（圖11－165）

211

圖11-165

圖11-166

7.行步橫推刀

(1)上動不停,右腳向前上步,行走連環步,身體向左側轉;同時左手刀向胸前裹刀從右側脖下向胸腹下拉至左胯旁,刀刃朝下,刀尖朝前;右手刀下落至右腰側再由左肘下向前伸出,刀刃朝左,刀尖朝前上,眼視前方。（圖11-166）

(2)上動不停,隨行步身體略向右轉;右手刀由前向右雲拔,再曲臂上提手臂內旋過頭頂,從左肩上以刀刃向前橫推刀,刀高不過肩,刀刃朝前,刀尖朝左;左手刀在胸前,刀刃朝前,刀尖朝右,眼視前方。（圖11-167）

8.纏頭裹腦,鷂子鑽天

(1)上動不停,左腳向右前扣步,右腳向右後擺步,身體向右旋轉;同時兩手刀先向左右展開,其後手足動作如前述纏頭裹腦式。（圖11-168、169、170）

圖11－167

圖11－168

圖11－169

圖11－170

　　(2)上動不停，左腳向後撤步，曲蹲坐胯，右腳隨之收回在左腳內側，腳掌著地；同時右手刀從胸腹下拉，再手臂外旋以刀尖由右側後向上鑽出，手臂微屈，刀刃朝外，左手刀在右肘外，兩刀尖皆朝上，眼視右手刀尖。

圖11－171　　　　　圖11－172　　　　　圖11－173

（圖11－171）

第 三 組

1.上步白猿獻果

上動不停，右腳向左扣步，身向左轉，左腳向前上步，左腿微屈，右腿提膝，抬腳前踢，腿與胯平（面向南）；同時右手刀以刀刃向前向下劈再向後反撩刀，左手刀由後向前反撩刀，再手臂外旋屈臂上提從右脖側向胸腹前下拉至左胯旁，刀刃朝下，刀尖朝前，右手刀從右腰側向前刺出，刀尖朝前，刀刃朝左，眼視右手刀尖。（圖11－172、173）

2.撤步猴坐堂

上動不停，右腳下落向後撤步，左腳隨之收回至右腳內側，兩腿屈膝半蹲，身體向右側轉；同時右手刀向胸前回裹，從左脖下向胸腹下拉至右胯旁，左手刀隨身後移

圖11-174　　　　　圖11-175

向前伸出，兩刀刃朝下，刀尖朝前，眼視前方。（圖11-174、175）

3.行步肘下穿刀

上動不停，左腳向前墊步，右腳向前上步，行走連環步（面向南）；同時右手刀從左手臂肘下向前穿出，左手刀貼靠在右臂上，刀刃朝前，刀尖朝右上，右手刀刀刃朝左，刀尖朝前上，眼視右手刀尖。（圖11-176）

4.青龍轉身

(1)上動不停，左手刀下拉至左胯旁，刀刃朝下，刀

圖11-176

尖朝前，右手刀向後掩肘至頭左側，刀刃朝上，刀尖朝後，眼視前方。（圖11－177）

（2）上動不停，左腳向右前側扣步，身向右轉；同時，右手刀從左側脖下向胸腹前下拉，再向左側刀背靠肋，刀尖朝左後，左手刀由下向前向上，向右掄轉，刀尖朝下，刀刃向外，眼視前方。（圖11－178）

圖11－177　　　　　　　圖11－178

5.烏龍盤柱

（1）上動不停，右腳向右後擺步，左腳向右側扣步，身體向右繼續旋轉，其手足動作與纏頭裹腦式相同，參見前述纏頭裹腦式。（圖11－179、180、181）

（2）上動不停，右腳向前上步（面向東）；右手刀由左脖下向前橫推刀，高與肩平，刀刃朝前，刀尖朝左，左手刀在右腋下，刀刃朝前，刀尖朝右，眼視右手刀。（圖

圖11－179　　　　　　　　圖11－180

圖11－181　　　　　　　　圖11－182

11－182）

6.纏頭裹腦，肘下穿刀

　　(1)上動不停，右腳向左腳前扣步，左腳向左後擺步，身體向左旋轉，其手足動作同前述纏頭裹腦式。（圖

圖11-183

11-183、184、185）

(2)上動不停，左腳向前上步，身體向左側轉（東北）；同時左手刀由右脖下向胸腹下拉至左側腹前，右手刀由左肘下向前穿出，刀尖向前，刀刃朝左，左手刀刀刃朝下，刀尖朝右前，眼視右手刀尖。（圖11-186）

圖11-184

圖11-185

圖11-186

7.行步右推刀

上動不停，右腳向前上步，行走連環步（東北）；右手刀以刀尖向右後掄轉，屈臂上提過頭頂從頭左側向身前橫推刀，高與肩平，刀刃朝前，刀尖朝左；左手刀在胸

前，刀刃朝前，刀尖朝右，
眼視右手刀。（圖11－187）

8.撤步後斬刀

（1）上動不停，左腳向
右腳前側扣步，右腳向右後
擺步，身體向右後轉，同時
兩手刀向外左右展開。其
後手足動作同前述纏頭裹
腦式。（圖11－188、189、
190）

圖11－187

圖11－188

圖11－189

圖11－190

（2）上動不停，右腳向後撤一步，身體向右側轉（*面
向西南*）；同時右手刀經左脅下拉向右後斬刀，高與肩
平，刀刃朝後，刀尖略向前，左手刀背靠右肋，刀尖朝右
後，眼平視前方。（圖11－191）

圖11-191

第 四 組

1.猴洗臉，貓洗臉

上動略停，身體重心略前移；右手刀以刀尖向左，刀背靠背過頭頂由後向右掄轉，停靠在右腹側，刀刃朝下，刀尖朝前；左腳收回至右腳內側，腳掌著地；同時左手刀手臂外旋從後向前、向左雲撥，再手臂內旋屈肘至左肩上，刀背靠背過頭頂從右側脖下向胸腹前下拉，刀尖朝上，眼視前方。(圖11-192、193)

2.繞脖掄劈刀

(1)上動不停，左腳向前上步（面向西南）；左手刀由胸腹向前推出至體前，刀刃朝前下，刀尖朝右前，右手刀

圖11-192

圖11-193

由腹前上提至頭左側，刀背貼靠左腋下，刀尖朝下，眼視前方。（圖11－194）

(2)上動不停，右腳向前上步，身體略左轉，右手刀過頭頂，屈臂外旋以刀刃由後向前掄砍，刀刃朝前下，刀尖朝前，左手刀在右臂下，刀刃朝前，刀尖朝右，眼視前方。（圖11－195、196）

圖11－194

3.行步十字披紅

上動不停，左腳向前上步，行走連環步，身體向左側轉；同時右手刀臂內旋以刀背向下向左後回掛，兩手臂在腹前交叉，繼而右手刀以刀刃由後向上再向前掄劈，左手

圖11－195

圖11－196

圖11－197

圖11－198

刀臂外旋以刀尖向左後甩刀；右手刀再臂內旋向下向後回帶，刀背貼靠左肋，同時左手刀屈臂上提，刀刃朝外，刀尖向後，眼視前方。（圖11－197、198）

4.龜背蛇腰纏脖刀

（1）上動不停，右腳向右側擺步，左腳向右腳前扣步，身體向右旋轉，行走八卦步，其手足動作如前述纏頭裹腦式。（圖11－199、200）

（2）行走不停，左手刀由腹前上提至頭右側，刀背貼靠右腋下，刀尖朝下，右手刀在體前，刀刃朝外，刀尖朝左前，眼隨轉身平視。（圖11－201）

（3）上動不停，隨身體旋轉，左手刀過頭頂，屈臂外旋以刀刃由後向前平掃，刀尖朝前；右手刀同時回落在腹前，刀刃朝下，刀尖朝前，眼視左手刀尖。（圖11－202、203）

圖11－199　　　　　圖11－200　　　　　圖11－201

圖11－202

圖11－203

5.行步左右鑽刀

(1)上動不停，右腳向前上步，兩腿曲蹲，行走連環步；右手刀從左肘下向前穿出，手心向上，刀尖向前；左手刀向胸前回落下拉，再從右肘下向前穿出，手心向上，

圖11-204

圖11-205

刀尖向前，右手刀胸前向後拉。（圖11-204、205）

(2)行步不停，右手刀再從左肘下穿過，手心向上，刀尖朝前，左手刀向胸前後拉，刀刃朝下，刀尖朝前，眼視前方。（圖11-206）

圖11-206

6.青龍擺尾

(1)上動不停，左腳向後撤步，身體重心後移，向左側轉；同時右手刀以刀尖向上向後掄轉，再左側胸前與左手兩臂交叉，左手刀刀刃朝下，刀尖朝前，右手刀刀刃朝後，刀尖朝上，眼視前方。（圖11-207）

（2）上動不停，身體
重心前移，右腿前弓，左
腿伸直，成右弓步；同時
右手刀以刀刃由後向前撩
刀，刀刃朝上，刀尖朝
前，左手刀在右腋下，刀
尖朝前上，刀刃朝前下，
眼視右手刀尖。（圖11－
208、209）

圖11－207

圖11－208

圖11－209

（3）上動不停，身體重心後移，左腿向後弓，屈膝下
蹲，右腿伸直，身向下塌，成右仆步（西南）；同時右手
刀刀臂外旋以刀尖向上挑刀，兩刀立刀平行，刀刃朝前，
刀尖朝上，眼視前方。（圖11－210）

圖11－210

7.起身掄臂刀

上動不停，身體重心上起，右腳提起向後（西南）；同時右手刀手臂內旋向身體左側後甩，再向上向前掄劈，刀刃朝前下，刀尖朝前上，左手刀手臂外旋，向左後甩刀，刀尖朝後，刀刃朝下，眼視前方。（圖11－211、212）

圖11－211

圖11－212

8.纏頭裹腦

上動不停，右腳向前落步，左腳向右腳前扣步，右腳再向右後擺步，身體向右後轉（面東北），其手足動作與前述纏頭裹腦式相同。（圖11－213、214、215）

圖11－213　　　　　　圖11－214　　　　　　圖11－215

第　五　組

1.行步左右撩刀

上動不停，右腳向前上步，左腳再向前進步，行走連環步，身體向右側轉；同時右手刀由左脖下拉向體前撩出，再向上向右後掄轉，刀刃朝上，刀尖朝前；左手刀由腹側向前撩出，刀刃朝上，刀尖朝前，眼視前方。（圖11－216、217）

2.進步肘下鑽刀

(1)上動不停，左腳向前上步；同時左手刀向上向右後掄轉，經右脖側下拉，刀背靠肩，刀尖朝後；右手刀同時由後回落至右胯旁，刀刃朝下，刀尖朝前。（圖11－218）

(2)上動不停，右腳向前上步，身體向左側略轉；同時右手刀由腹前從左肘下向前穿出，手心朝上，刀尖朝

圖11－216　　　　　圖11－217　　　　　圖11－218

前；左手刀向胸前下拉，刀刃朝下，刀尖朝前，眼視右手刀尖。（圖11－219）

3.纏頭裹腦橫推刀

（1）上動不停，左腳向右腳前扣步，右腳向右後擺步，身體向右旋轉，其手足動作與前述纏頭裹腦相同。（圖11－220）

（2）上動不停，右腳向前上步（**面北**）；同時右手刀由左側脖下向前橫推刀，高與肩平，刀刃朝前，刀尖朝左；左手刀在腹前，刀刃朝前，刀尖朝右，眼視前方。（圖11－221）

4.猴貓洗臉，上步穿刀

（1）上動不停，左腳向前上步（**面北**），行走連環步；同時右手刀上提向左向後過頭頂掄轉，屈肘下落至右胯旁，刀刃朝下，刀尖朝前；左手刀向左向後過頭頂從右側

圖11－219　　　　　　圖11－220　　　　　　圖11－221

圖11－222　　　　　　　圖11－223

脖下向胸腹前下拉，刀背靠胸，刀尖朝上，眼視前方。
（圖11－222、223）

（2）上動不停，右腳向前上步，身體向左側略轉；同
時右手刀從左肘下向前穿出，手心朝上，刀尖朝上；左手

229

圖11－224

刀下拉至左胯旁，刀刃朝下，刀尖朝前，眼視右手刀尖。(圖11－224)

5.回身懷中抱月

上動不停，左腳向右腳前扣步，右腳向右側擺步，身體向右後轉，兩腿曲蹲；同時右手刀上提向左側裹刀從左脖側貼胸下拉至腹前，刀刃朝外，刀尖朝左上；左手刀向上伸出，刀刃朝上，刀尖朝後，眼視右前方。(圖11－225、226)

6.行步左右寬胸刀

(1)上動不停，左腳向右腳前上步，身體向右側轉，行走蛇行步（面南）；同時左手刀由後向前從右脖側向胸

圖11－225

圖11－226

圖11－227　　　　　　　　圖11－228

腹前下拉，刀刃朝前，刀尖向上；右手刀向前伸出，刀刃朝下，刀尖朝前，眼視右手刀尖。（圖11－227）

　　(2)右腳繼續向右前上步，行走蛇行步，身體向右側轉；同時右手刀上提，由前向後，從左脖側向胸腹前下拉，刀刃朝前，刀尖向上；左手刀向前伸出，刀刃朝下，刀尖朝前，眼視左手刀尖。（圖11－228）

7.回身懷中抱月

　　上動不停，右腳向前擺步，左腳向右前扣步，身體向右後轉；其手足動作與前述回身抱月相同。（圖11－229、230）

圖11－229

圖11－230

圖11－231

圖11－232

8.行走寬胸刀

上動不停，右腳向前上步，行走蛇行步（面北），其手足動作與前述行步左右寬胸刀相同。（圖11－231、232）

第　六　組

1.纏頭裹腦，獅子滾球

(1)上動不停，右腳向前擺步，左腳向右前扣步，身體向右後轉；其手足動作與前述纏頭裹腦式相同。（圖11－233、234）

(2)上動不停，右腳向右側上步，身體向右略轉（西南）；同時右手刀從左脖側下拉在胸前與左手兩臂交叉上架至頭前上方，兩刀各向左右展開，刀刃朝外，右手刀

圖11－233　　　　　　　　　　圖11－234

圖11－235　　　　　　　　　　圖11－236

刀尖朝右上，左手刀刀尖朝左前，眼視右手刀。（圖11－235、236）

　　(1)左腳向前擺步（**面南**），右腳向左前扣步，身體向左轉，其手足動作與前述纏頭裹腦式相同，唯行走八卦∥

圖11－237　　　　圖11－238　　　　圖11－239

圖11－240

圖11－241

步，繞一圈形。（圖11－237、238、239）

　　(2)隨行步身轉，右手刀上提從左脖側過頭頂，刀背貼靠左腋下，向後向前掄砍至體前左側（東南），手心朝上，刀尖朝前下；左手刀由體前向右，刀背貼靠右肋，刀尖朝後，眼視前方。（圖11－240、241）

3.十字披紅，纏頭裹腦

(1) 上動不停，兩腳不動，身體向左側轉；同時右手刀以刀尖向左後回拉，再向上向前掄劈，繼而向下向後回靠，刀背貼靠在左肋，刀尖朝後；左手刀同時手臂外旋向左後再向上向前掄轉，刀刃朝前下，刀尖朝前上，眼視前方。（圖11－242）

圖11－242

(2) 上動不停，右腳向右前擺步，左腳向右側扣步，身體向右旋轉；其手足動作與前述纏頭裹腦式相同。（圖11－243、244、245）

圖11－243　　　圖11－244　　　圖11－245

圖11－246

4.回身右撩刀

上動不停，身體向右側轉，右腳向前上步，重心前移，右腿前弓（面向西）；同時右手刀由胸前下拉向體前撩出，繼而手臂外旋刀尖上挑，刀尖朝前，刀刃朝下；左手刀貼靠在右臂外，刀尖朝右，刀刃朝前，眼視前方。（圖11－246）

5.跳步雙劈刀

上動不停，身體重心後移，右腳提起，左腳蹬地身體騰空，右腳下落，左腳向前落步，身體向右側轉；同時右手臂內旋，左手臂外旋，兩刀向身體左後甩刀，繼而右手刀由後向上向前劈出再臂內旋向下後回帶，刀背貼靠在左肋，刀尖朝後；左手刀隨之由後向前掄劈，刀刃朝下，刀尖朝前，眼視前方。（圖11－247、248、249）

6.轉身橫推刀

(1)上動不停，兩腳移動，身體向右後轉；同時兩手動作與前述纏頭裹腦式相同，唯在原地。（圖11－250、251）

(2)上動不停，右腿前弓；右手刀從左脖側向體前橫推刀，高與肩平，刀刃朝前，刀尖朝左；左手刀背貼靠右腋下，刀尖朝右，眼視前方。（圖11－252）

圖11－247

圖11－248

圖11－249

圖11－250

圖11－251

圖11－252

7.猴貓洗臉右鑽刀

（1）上動不停，身體向左側轉，左腳回靠在右腳內側；同時右手刀以刀尖向左，刀背貼背過頭頂向後掄轉至右胯旁，刀刃朝下，刀尖朝前；左手刀手臂外旋向前向左

237

圖11－253　　　　　圖11－254　　　　　圖11－255

雲撥，屈臂上提過頭頂從右脖側向胸腹前下拉，刀背靠胸，刀尖朝上，眼視前方。（圖11－253、254）

（2）上動不停，左腳向前上步，右腳再向前進步（面西）；同時左手刀由胸前下拉，刀刃朝左，刀尖朝前；右手刀同時從右肘下向前穿出，手心朝上，刀尖朝前，眼視前方。（圖11－255）

8.纏頭裹腦，獅子滾球

（1）上動不停，左腳向右腳前扣步，右腳向右後擺步，身體向右後轉（面東）；其手足動作與前述纏頭裹腦式相同。（圖11－256、257）

（2）上動不停，左腳向右前上步，身體向右略側轉（東南）；同時右手刀從左脖側下拉在右胸前與左手刀兩臂交叉上架，至頭前上方，各向左右展開，刀刃朝外，刀尖朝前，眼視右手刀。（圖11－258）

圖11－256　　　　圖11－257　　　　圖11－258

第　七　組

1.十字披紅下盤刀

上動不停，右腳向前上步，行走連環步，身體向左側轉（東北）；同時右手刀向下向左再向上向前掄轉，左手刀先向右腋下靠，再向左後掄轉，右手刀刀刃朝前下，刀尖朝前上，左手刀刀刃朝上，刀尖朝後，眼向右平視。（圖11－259）

2.繞轉纏身中盤刀

上動不停，左腳向右腳前扣步，右腳向右後擺步，身體向右後轉（西南）；同

圖11－259

圖11－260　　　　　圖11－261　　　　　圖11－262

時左手刀手臂內旋由後向前再向右後過頭頂掄轉，右手刀先回靠在左腋下，手臂外旋向前向右雲撥，左手刀刀刃朝後，刀尖朝下，右手刀刀刃朝左，刀尖朝左，眼視右手刀。（圖11－260、261）

3.頭上揚花上盤刀

上動不停，左腳向前上步，右腳向右前進步，身體向右側轉（面西北）；同時左手刀由後向前向右過頭頂輪轉，右手刀先臂內旋向後再向前方拔，後扣腕與左手在胸前交叉上架，至頭前上方，各向左右展開，刀刃朝外，刀尖朝前，眼視右手刀。（圖11－262、263、264）

4.十字披紅，獅子滾球

（1）上動不停，左腳向前上步，身體向左側轉（西南）；同時右手刀向前向左後掄轉，左手刀向胸前下落，兩手臂在胸前交叉，右手刀刀刃朝下，刀尖朝後，左手刀刀刃朝下，刀尖朝前，眼向左平視。（圖11－265）

圖11－263　　　　　圖11－264　　　　　圖11－265

　　(2)上動不停，右腳再向前上步，左腳向左再上步腳尖裡扣，身體繼續向左側轉（面南）；右手刀向上向前掄轉再向下落至左胯下，左手刀向左後再向上向前掄轉，兩手臂在胸前交叉，各向前後展開，兩手刀刀刃朝外，刀尖相對，眼視左手刀。（圖11－266、267）

圖11－266　　　　　　　圖11－267

5.纏頭裹腦，頭上揚花

(1)上動不停，右腳向右前擺步，左腳向右腳前扣步，身體向右旋轉；其手足動作與前述纏頭裹腦式相同。（圖11－268、269）

(2)上動不停，右腳向右前上步，身體向右側轉（東南）；同時右手刀從左脖側下拉在右胸前與左手刀兩手臂交叉上架，至頭前上方，各向左右展開，刀刃朝外，刀尖朝上，眼視右手刀。（圖11－270）

圖11－268　　　圖11－269　　　圖11－270

6.十字披紅，獅子滾球

(1)上動不停，左腳向左前上步，右腳向前進步，身體向左側轉（面東北）；同時右手刀向前向左後掄轉，左手刀向胸前下落，兩手臂在胸前交叉，右手刀刀刃朝下，刀尖朝後，左手刀刀刃朝下，刀尖朝前，眼視前方。（圖11－271）

圖11－271　　　　圖11－272　　　　圖11－273

(2)上動不停，左腳向前上步，右手刀向上向前掄劈，再下落至左腋下，左手刀向左後再向上向前掄轉，兩手臂在胸前交叉各向左右展開，左手刀刀刃朝後，刀尖朝下，右手刀刀刃朝前，刀尖朝左，眼視右手刀。（圖11－272）

7.纏頭裹腦，獅子滾球

(1)上動不停，左腳向右前扣步，右腳向右後擺步，身體向右後轉；其手足動作與前述纏頭裹腦式相同。（圖11－273、274）

(2)上動不停，右腳向右前上步，身體略向右側轉；同時右手刀從左脖側下拉至

圖11－274

243

圖11-275

胸前與左手刀臂交叉上架，至頭前上方，各向左右展開，右手刀刀刃朝後，刀尖朝上，左手刀刀刃朝前，刀尖朝上，眼視前方。（圖11-275）

8.十字披紅，纏頭裹腦

(1)上動不停，左腳向前上步，右腳向前進步，身體向左側轉（面西）；同時右手刀向前向左後掄轉，左手刀向胸前下落，兩手臂在胸前交叉，繼而右手刀向上向前掄轉再下落至左腋下，刀背靠肋，刀尖朝後，左手刀手臂外旋向左後掄轉，刀刃朝下，刀尖朝後，眼視前方。（圖11-276）

(2)上動不停，左腳向前扣步，右腳向右後擺步，身體向右後轉（面東）；其手足動作與前述纏頭裹腦式相同。（圖11-277）

收　式

1.並步搭刀

上動不停，右腿向後撤步，左腳隨之向右腳並步，身體向右側轉（面南）；同時右手刀由胸前下拉向身後甩刀，左手刀向前伸出，繼而兩手臂內旋由頭兩側向前向下在體前兩刀交叉，左刀在上，右刀在下，眼視前方。（圖11-278、279）

圖11－276　　　　圖11－277　　　　圖11－278

圖11－279　　　　圖11－280　　　　圖11－281

2.合手抱刀

兩腿不變，雙臂上提至胸前，兩手刀刀尖向上向後挑起，合刀靠攏搭在左臂內側，刀刃朝前，刀尖朝上，眼平視前方。（圖11－280、281）

四、游身、八卦盤身刀連環轉九宮
（路線圖）

注解：

一、九、三、七是陽性的變動，四、六、二、八是陰性的變動。行走的步陽上轉，陰下變。行走由陽劍頭上轉，反轉為陰實線（由陽走陰線再由陰線反陽線）。行走中就按陰陽之分的變動，當中五不走中線，只走外圓的邊線，這就是八卦轉九宮的圖表。外圓練的是筋骨皮，內心行走練心練肉。

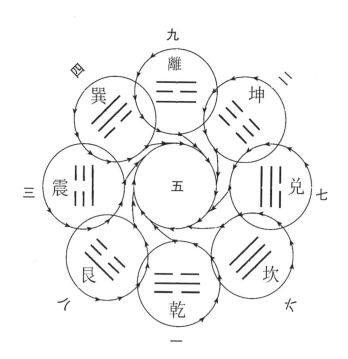

五、形意、八卦盤身刀連環轉九宮歌訣

雙刀起始意中生，纏轉裹繞顯身型
三盤刀分上中下，形象突出看分明
前手領時身型變，相間刀動身自靈
刀形八卦形意步，四正四隅要分清
左三右三步相連，三才步擺身型變
開胸刀擺要舒展，大步流星撤刀旋
盤身刀法要三靠，一靠貼胸朝外繞
二靠擦肩上下挑，三靠纏身轉背刀
雙刀翻撩彩布飄，獅子搭花懷中抱
白蛇吐信身要轉，塌身盤腿朝前鑽
雙刀變化分陰陽，搖身換式看形象
連環步法游身轉，刀刀纏繞緊相連
左右脖刀頸纏繞，提抽平圓過頂繞
雞形步和八卦步，隨刀變式連環換
上刀裹纏下刀繞，旋轉體用雲撥刀
撩刀翻轉左右分，獅子搭花要裹身
先發制人緊相連，刀刀入扣隨式變
後發制人需近取，身動刀出緊轉動
左右轉身盤身動，三體換式顯精神
懷抱子時雙刀抱，兩臂相撩翻身繞
青龍轉身翻轉變，心動刀出意相連
刀分三盤中相連，獅子滾球朝後變
貓洗臉和猴洗臉，刀從臉前腦後變

　　變刀搭花朝上翻，刀隨擺扣纏身繞

　　胸前插花要橫刀，腋下插刀脖上轉

　　出手換式皆要精，插花蓋頂看刀形

　　白鶴亮翅兩臂展，平行上挑刀尖翹

　　虎抱頭時繞纏轉，撲步刀落前腳面

　　鷂子鑽天要塌腰，刀尖朝豎眼上瞧

　　形意身盤八方式，連環纏繞轉九宮

　　漢章老人創此刀，留給後人無價寶

　　錯誤難免多指教，改革創編共提高

　　本歌訣是根據幾十年演練出的不同的動作，驗證、開拓、創新和改編出來的，所有的歌訣都是真實的動作。

　　分出形，分出繞形，分出內側外側，分出左右轉動，八卦動作連環出五行，刀法三盤變無窮，繞轉九宮反陰陽，全看步腳變化精，兩手變動多手用，連緊不斷出真功，一手刀分八手用，緊連不斷出神靈，功到自然成。

附錄一　孫祿堂著《拳意述真》述郭雲深、李奎垣先生言

一、述郭雲深先生言

第　一　則

郭雲深先生云：「形意拳術有三層道理，有三步功夫，有三種練法。」

三層道理：

（1）練精化氣；（2）練氣化神；（3）練神還虛（練之以變化人之氣質，復其本然之真也）。

三步功夫：

（1）易骨。練之以築其基，以壯其體，骨體堅如鐵石，而形成氣質，威嚴壯似泰山。

（2）易筋。練之以騰其膜，以長其筋（俗云筋長力大），其勁縱橫聯絡，生長而無窮也。

（3）洗髓。練之以清虛其內，以輕鬆其體，內中清虛之象。神氣運用圓活無滯，身體動轉其輕如羽（拳經云：三回九轉是一式。即此意也）。

三種練法：

（1）明勁。練之總以規矩不可易，身體動轉要和順

而不可乖戾，手足起落要整齊而不可散亂。拳經云：方者以正其中。即此意也。

（2）暗勁。練之神氣要舒展而不可拘，運用圓通活潑而不可滯。拳經云：圓者以應其外。即此意也。

（3）化勁。練之周身四肢動轉，起落進退，皆不可著力，專以神意運用之，雖是神意運用，惟形式規矩仍如前兩種不可改移。雖然周身動轉不著力，亦不能全不著力，總在神意之貫通耳。拳經云：三回九轉是一式。亦此意也。

（一）明 勁

明勁者，即拳之剛勁也。易骨者，即練精化氣易骨之道也。因人身中先天之氣與後天之氣不合，體質不堅，故發明其道。大凡人之初，生性無不善，體無不健，根無不固，純是先天。以後知識一開，靈竅一閉，先後不合，陰陽不交，皆是後天血氣用事。故血氣盛行，正氣衰弱，以致身體筋骨不能健壯。故昔達摩大師傳下易筋洗髓二經，習之以強壯人之身體，還其人之出生本來面目。後宋岳武穆王擴充二經之義，作為三經，易骨、易筋、洗髓也。將三經又製成拳術，發明此經道理之用。拳經云：靜為本體，動為作用，與古之五禽、八段練法有體而無用者不同矣。因拳術有無窮之妙用，故先有易骨、易筋、易髓，陰陽混成，剛柔悉化，無聲無臭，虛空靈通之全體，所以有其虛空靈通之全體，方有神化不測之妙用。故因此拳是內外一氣，動靜一源，體用一道，所以靜為本體，動為作用

也。因人為一小天地，無不與天地之理相合，惟是天地之陰陽變化皆有更易。

　　人之一身既與天地道理相合，身體虛弱剛戾之氣，豈不能易乎？故更易之道，弱者易之強，柔著易之剛，悖者易之和，所以三經者皆是變動人之氣質，以復其初也。易骨者，是拳中之明勁，練精化氣之道也。將人身中散亂之氣，收納於丹田之內，不偏不倚，合而不流，用九要之規模鍛鍊，練至於六陽純全，剛健之至，即拳中上下相連，手足相顧，內外如一，至此，拳中明勁之功盡，易骨之勁全，練精化氣之功亦畢矣。

（二）暗　勁

　　暗勁者，拳中之柔勁（柔勁與軟不同，軟中無力，柔非無力也）。即練氣化神易筋之道也。先練明勁而後練暗勁，即丹道小周天止火，再用大周天功夫之意。明勁停手即小周天之沐浴也，暗勁手足停而未停，即大周天四正之沐浴也。拳中所用之勁是將形、氣、神（神即意也）合住，兩手往後用力拉回（內中有縮力），其意如拔鋼絲。兩手前後用勁，左手往前推，右手往回拉，或右手往前推，左手往回拉，其意如撕絲棉。

　　又如兩手拉硬弓，要用力徐徐拉開之意，兩手或右手往外翻橫，左手往裡裏勁，或左手往外翻橫，右手往裡裏勁，如同練鼉形之兩手，或是練連環拳之包裹拳。拳經云：「裹者如包裹之不露。」兩手往前推勁，如同推有輪之重物，往前推不動之意，又依推動而不動之意。兩足

用力，前足落地時，足跟先著地，不可有聲，然後再滿足著地，所用之勁如同手往前、往下按物一般，後足用力蹬勁，如同邁大步過水溝之意。拳經云：「腳打踩意不落空。」是前足，消息全憑後腳蹬，是後足，馬有跡蹄之功，皆是言兩足之意也。兩足進退，明勁、暗勁兩段之步法相同，惟是明勁則有聲、暗勁則無聲耳。

（三）化　勁

化勁者，即練神還虛，亦謂之洗髓之功夫也。是將暗勁練到至柔至順，謂之柔順之極處、暗勁之終也。丹經云：「陰陽混成，剛柔悉化，謂之丹熟。」柔勁之終，是化勁之始也。所以在加向上功夫，用練神還虛至形神俱杳，與道合真，以至於無聲與臭，謂之脫丹矣。拳經謂之拳無拳，意無意，無意之中是真意。是謂之化勁練神還虛，洗髓之功畢矣。

化勁者，與練畫勁不同，明勁、暗勁亦皆有畫勁。畫勁是兩手出入起落俱短，亦謂之短勁，如同手往著牆抓去，往下一畫，手仍回在自己身上來。故謂之畫勁。練化勁者，與前兩步功夫之形式無異，所用之勁不同耳。拳經云：「三回九轉是一式」，是此意也。三回者，練精化氣，煉氣化神，練神還虛，即明、暗、化勁是一式。九轉者，九轉純陽也，化至虛無而還于純陽，是此理也。

所練之時，將手足動作順其前兩步之形式，皆不要用力，並非頑空不用力，周身內外全用真意運用耳。手足動作所用之力有而若無，實而若虛，腹內之氣，所用亦不著

意，亦非不著意，意在積蓄虛靈之神耳。

呼吸似有似無，與丹道功夫陽生至足，採取歸爐，封固停息。沐浴之時，呼吸相同。因此似有而無皆是真息，是一神之妙用也。莊子云：真人之呼吸以踵，即是此意。非閉氣也，用功練去不要間斷，練到至虛，身無其身，心無其心，方是形神俱妙，與道合真之境。此時能與太虛同體矣。以後練虛合道，能至寂然不動，感而遂通，無人而不自得，無往而不得其道，無可無不可也。拳經云：「固靈根而動心者，武藝也。養靈根而靜心者，修道也。」所以形意拳術，與丹道合二為一者也。

第 二 則

形意拳，起點三體式，兩足要單重，不可雙重。單重者，非一足著地，一足懸起，不過前足可虛可實，著重在於後足耳。以後練各形式亦有雙重之式，雖然是雙重之式，亦不離單重之重心，以至極高、極俯、極矮、極仰之形式，亦總不離三體式單重之中心，故三體式為萬形之基礎也。三體式單重者，得其中和之起點；動作靈活，形式一氣，無有間斷耳。

雙重三體式者，形式沉重，力氣極大，惟是陰陽不分，乾坤不辯，奇偶不顯，剛柔不判，虛實不分，內開外合不清，進退起落動作不靈活。所以形意拳三體式，不得其單重之中和，先後天亦不交，剛多柔少，失卻中和，道理亦不明，變化亦不通，自被血氣所拘，拙勁所捆，此皆是被三體式雙重之所拘也。若得著單重三體式中和之道

理，以後行之，無論單重、雙重各形之式，無可無不可也。

第 三 則

　　形意拳術之道，練之極易，亦極難。易者，是拳術之形式至易至簡而不繁亂，其拳術之始終、動作運用，皆人之所不慮而知，不學而能者也。周身動作運用亦皆平常之理，惟人之未學時，手足動作運用無有規矩，而不能整齊。所教授者，不過將人之不慮而知、不學而能、平常所運用之形式入予規矩之中，四肢動作而不散亂者也。果練之有恆而不間斷，可以至於至善矣。若到至善處，諸形之運用，無不合道矣。

　　以他人觀之，有一動一靜、一言一默之運用，奧妙不測之神氣，然而自己並不知其善於拳術也。因動作運用皆是平常之道理，無強人之所難，所以拳術練之極易也。《中庸》云：「人莫不飲食也，鮮能知味也。」難者，是練者厭其拳之形式簡單，而不良於觀，以致半途而廢者有之，或是練者惡其道理平常，而無有奇妙之法則，自己專好剛勁之氣，身外又無奇異之形，故終身練之而不能得著形意拳術中和之道也。因此好高騖遠，看理偏僻，所以拳術之道理，得之甚難。《中庸》云：「道不遠人。人之為道而遠人。」即此意也。

第 四 則

　　形意拳術之道無他，神、氣二者而已。丹道始終全仗呼吸，起初大小周天，以及還虛之功者，皆是呼吸之變化

耳。拳術之道亦然，惟有鍛鍊形體與筋骨之功。丹道是靜中求動，動極而復靜也，拳術是動中求靜，靜桓而復動也。其初練之似異，以至還虛則同。形意拳經云：「固靈根而動心者，敵將也，養靈根而靜心者，修道也。」所以形意拳之道，即丹道之學也。

　　丹道有三易，練精化氣、練氣化神、練神還虛。拳術亦有三易：易骨、易筋、洗髓。三易即拳中明勁、暗勁、化勁也。練至拳無拳，意無意，無意之中是真意。亦與丹道練虛合道相合也。丹道有最初還虛之功，以至虛極靜篤之時，下元真陽發動，即速迴光返照，凝神入氣穴，息息歸根，神氣未交之時，存神用意，綿綿若存，念茲在茲，此武火之謂也。至神氣已交，又當忘息，以致採取歸爐、封固、停息、沐浴、起火、進退、升降、歸根。俟動而復練，練至不動為限數足滿止火，謂之坎離交妳，此為小周天之功夫。無非自無而生有，由微而至著，由小而至大，由虛而積實，皆呼吸火候之變化。文武剛柔，隨時消息，此皆是順中用逆，逆中行順，用其無過不及，中和之道也。此不過略言丹道之概耳，丹道與拳術並行不悖，故形意拳術非粗率之武藝。

　　余恐後來練形意拳術之人，只用其後天血氣之力，不知有先天真陽之氣，故發明形意拳術之道，只此神、氣二者而已。故此先言丹道之大概，後再論拳術之詳情。

第 五 則

郭雲深先生言，練形意拳術有三層之呼吸。

第一層練拳術之呼吸。將舌捲回，頂住上齶，口似開非開，似合非合，呼吸任其自然，不可著意於呼吸，因手足動作合於規矩，是為調息之法則，亦即練精化氣之功夫也。

第二層練拳術之呼吸，口之開合、舌頂上齶等規則照前，惟呼吸與前一層不同。前者手足動作，是調息之法則，此是息調也。前者口鼻之呼吸不過借此以通內外也。此二層之呼吸，著意與丹田之內呼吸也，又名胎息，是為練氣化神之理也。

第三層練拳術之呼吸與上兩層之意又不同，前一層是明勁，有形於外；二層是暗勁，有形與內。此呼吸雖有而若無，勿忘勿助之意思，即是神化之妙用也。心中空空洞洞，不有不無，非有非無，是為無聲無臭，還虛之道也。

此三種呼吸為練拳術始終本末之次序，即一氣貫通之理，自有而化無之道也。

第 六 則

人未練拳術之先，手足動作順其後天自然之性，由壯而老以至於死。道家逆運先天，轉乾坤，扭氣機，以求長生之術。拳術亦然，起點，從平常之自然之道，逆轉其機，由靜而動，再由動而靜，成為三體式。

其姿勢要前虛後實，不俯不仰，不左斜，不右歪，心中要虛實，至靜無物，一毫之血氣不能加於其內，要純任自然虛靈之本體，由著本體而在萌動練去，是為拳術純任自然之真勁，亦謂人之本性，又謂之丹道最初還虛之理，

亦謂之明善復初之道。

其三體式中之靈妙，非有真傳不能知也。內中之意思，猶丹道之點玄關，《大學》之言明德。孟子所謂養浩然之氣，又與河圖中五之一點、太極先天之氣相合也。其姿勢之中，非身體兩腿站均當中之中也。其中，是用規矩之法則，縮回身中散亂馳外之靈氣，返歸與內，正氣復初，血氣自然不加於其內，心中虛空，是之謂中，亦謂之道心，因此再動。丹書云：「靜則為性，動則為意，妙用則為神。」所以拳術再動，練去謂之先天之真意，則身體手足動作，即有形之物，謂之後天，以後天合著規矩法則，形容先天之真意。自最初還虛，以至末後還虛，循環無端之理，無聲無臭之德，此皆名為形意拳之道也。

其拳術最初積蓄之真意與氣，以致滿足，中立而不倚，和而不流，無形無相，此謂拳中之內勁也（**內家拳術之名即此理也**）。其拳中之內勁，最初練之，人不知其所以然之理，因其理最微妙，不能不詳言之，免後學入於歧途，初學入門有三害九要之規矩。三害莫犯，九要不失其理（**八卦拳學詳之矣**），手足動作合於規矩，不失三體式之本體，謂之調息。

練時口要似開非開，似合非合，純任自然，舌頂上齶，要鼻孔出氣。平常不練時，以至方練完收勢時，口要閉，不可開，要時時令鼻孔出氣。說話、吃飯、喝茶時，可開口，除此之外，總要舌頂上齶，閉口，令鼻孔出氣。謹要。至於睡臥時，亦是如此。練至手足相合，起落進退如一，謂之息調。手足動作要不合於規矩，上下不齊，進

退步伐錯亂，牽動呼吸之氣不勻，出氣甚粗，以致胸間發悶，皆是起落進退、手足步法不合規矩之故也，此謂之息不調，因息不調，拳法、身體不能順也。拳中之內勁，是將人之散亂於外之神氣，用拳中之規矩，手足身體動作，順中用逆縮回於丹田之內，與丹田之元氣相交，自無而有，自微而著，自虛而實，皆是漸漸積蓄而成，此謂拳中之內勁也。丹書云：「以凡人之呼吸，尋真人之呼處。」莊子云：「真人呼吸以踵。」亦是此意也。

拳術調呼吸從後天陰氣所積，若致小腹堅硬如石，此乃後天之氣勉強積蓄而有也。總要呼吸純任自然，用真意之元神，引之於丹田，腹雖實而若虛，有而若無。老子云：「綿綿若存。」又云：「虛其心，而靈性不昧，振道心，正氣常存。」亦此意也。此理即拳中內勁之意義也。

第 七 則

形意拳之用法有三層，有有形有相之用，有有名有相無跡之用，有有聲有名無形之用，有無形無相無聲無臭之用。拳經云：「起如鋼銼（起者去也），落入鉤竿（落者回也）」，「未起如摘子，未落如墜子」，「起如箭，落如風，追風趕月不放鬆」，「起如風，落如箭，打倒還嫌慢」，「足打七分手打三，五行四梢要合全。氣連心意隨時用，硬打硬進無遮攔」，「打人如走路，看人如蒿草，膽上如風響，起落似箭鑽」，「進步不勝，必有寒食之心」。此是初步明勁，有形有相之用也。

到暗勁之時，用法更妙。起似伏龍登天，落如霹雷擊

地，起無形，落無蹤，起落好似捲地風。起不起，何用再起，落不落，何用再落。低之中望為高，高之中望為低。打起落如水之翻浪，不翻不躦一寸為先。足打七分手打三，五行四梢要合全。氣連心意隨時用，打破身式無遮攔。此是二步暗勁形跡有無之用也。拳無拳，意無意，無意之中是真意。拳打三節不見形，如見形影不為能。隨時而發，一言一默，一舉一動，行止坐臥以致飲食茶水之間皆是用。或有人處，或無人處，無處不是用。所以無人而不自得，無往而不得其道，以致寂然不動，感而自通也。此皆是化勁神化之用也。

　　然而所用虛實奇正，亦不可專有意，用於奇正虛實。虛者，並非專用虛於彼。己手在彼手之上，用勁拉回，如落鉤竿，謂之實。己手在彼手之下，亦用勁拉回，彼之手挨不著我之手，謂之虛。並非專有意於虛實，是在彼之形式感觸耳。奇正之理亦然，奇無不正，正無不奇，奇中有正，正中有奇，奇正不變，如循環之無端，所用不窮也。拳經云：「拳去不空回，空回總不奇。」是此意也。

第　八　則

　　形意拳術，明勁是小學功夫。進退起落，左轉右旋，形式有間斷，故謂之小學。暗勁是大學之道，上下相連，手足相顧，內外如一，循環無端，形式無有間斷，故謂之大學。此喻是發明其拳所以然之理也。《論語》云：「一以貫之。」此拳亦是求一以貫之道也。

　　陰陽混成，剛柔相合，內外如一，謂之化勁。用神化

去，至於無聲無臭之德也。孟子云：「大而化之之謂聖，聖而不可知之之謂神。」丹書云：「神形俱杳，乃與道合真之鏡。」拳經云：「拳無拳，意無意，無意之中是真意。」如此者，不見而章，不動而變，無為而成，寂然不動，感而遂通也。老子云：「得其一而萬事畢。」人得其一謂之大，拳中內外如一之勁用之於敵，當剛則剛，當柔則柔，飛騰變化，無人而不自得，亦無可無不可也。此之謂一以貫之，一之為用，雖然純熟，總是有一之形跡也。

尚未到至妙處，因此要將一化去，化到至虛無之境，謂之至誠、至虛、至空也。如此大而化之之謂聖，聖而不可知之之謂神之道理，得矣。

第 九 則

拳術之道，要自己鍛鍊身體，以袪病延年，無大難法。若與人相較，則非易事。第一存心謹慎，要知己知彼，不可驕矜，驕矜必敗。若相識之人，久在一處，所練何拳，藝之深淺，彼此皆知，或喜用腳，或善用手，皆知其大概，誰勝誰負，尚不易言。若與不相識之人初次見面，彼此不知所練何種拳術，所用何法，若一交手，其藝淺者自立時相形見拙。若皆是明手，兩人相交，則頗不易言勝。所宜知者一覿面，先察其人，精神是否虛靈，氣質是否雄厚，身軀是否活潑，再察其言論，或謙或矜，其所言與其人之神氣，形體動作，是否相符。觀此三者，彼之藝能知其大概矣，及相較之時，或彼先動或己先動，務要辨地勢之遠近，險隘廣狹死生。

　　若二人相離近極近，彼或發拳，或發足，皆能傷及吾身，則當如拳經云：眼要毒，手要奸（奸即巧也），腳踏中門往裡鑽。眼有監察之精，手有撥轉之能，足有行程之功，兩肘不離肋，兩手不離心，出洞入洞緊隨身，乘其無備而攻之，由其不意而出之，此是近地以速之意也。兩人相離之地遠，或三四步，或五六步不等，不可直上，恐彼以逸待勞，不等己發拳，而彼先發之矣。所以方動之時，不要將神氣顯露於外，似無意之情形，緩緩走至彼相近處，相機而用，彼動機方露，己即速撲上去，或掌或拳，隨左打左，隨右打右，彼之剛柔，己之進退，起落變化，總相機而行之，此謂遠地以緩也。己所立之地勢，有利不利，亦得因敵人而用之，不可拘著。

　　程廷華先生亦云：「與彼相較之時，看彼之剛柔，或力大或奸巧，彼剛吾柔，彼柔吾剛，彼高吾低，彼低吾高，彼長吾短，彼短吾長，彼開吾合，彼合吾開，或吾忽開忽合，忽剛忽柔，忽上忽下，忽短忽長，忽來忽去，不可拘之成法，須相敵之情形而行之。雖不能取勝與敵，亦不能驟然敗於敵也，總以謹慎為要。」

第　十　則

　　拳經云：「上下相連，內外合一。」俗云：「上下是頭足也。」按拳中道理言之，是上呼吸之氣與下呼吸之氣相接也，此是上下相連，心腎相交也。

　　內外合一者，是心中神意下照與海底，腹內靜極而動，海底之氣微微自下而上，與神意相交歸於丹田之中，

運貫於周身，暢達於四肢，融融和和。如此方是上下相連，手足自然相顧，合內外而為一者也。

第十一則

練拳術不可固執不通，若專以求力，即被力拘；專以求氣，即被氣所拘；若專以求沉重，即為沉重所捆墜；若專以求輕浮，神氣則被輕浮所散。

所以然者，練之形式順者，自有力；內裡中和者，自生氣；神意歸於丹田者，身自然重如泰山；將神氣合一化成虛空者，自然身輕如羽，故此不可以專求。雖然求之有所得焉，亦是有若無，實若虛，勿忘勿助，不勉而中，不思而得，從容中道而已。

第十二則

形意拳術之橫拳，有先天之橫，有後天之橫，有一行之橫。先天之橫者，由靜而動為無形之橫拳也，橫者中也。易云：「橫中通理，正位居體」，即此意也。拳經云：「起無形，起為橫皆是也（此起字是內中之起，自虛無而生有，真意發萌之時，在拳中謂之橫，亦謂之起）。」此橫有名無形，為諸形之母，萬物皆含育其中矣。其橫則為拳中之太極也。

後天之橫者，是拳中外形手足，以動即名為橫也，此橫有名有式，無有橫之相也。因頭手足（肩肘胯膝名七拳）外形七拳，以動即名為橫，亦為諸式之幹也。萬法亦皆生於其內也。

262

第十三則

形意拳術，頭層明勁，謂之練精化氣，為丹道中之武火也。第二層暗勁，謂之煉氣化神，為丹道中之文火也。第三層化勁，謂之練神還虛，為丹道中火候純也，火候純而內外一氣成矣，再練亦無勁，亦無火，謂之練虛合道，以致行止坐臥，一言一默，無往而不合其道也。拳經云：「拳無拳，意無意，無意之中是真意。」至此無聲無臭之德至矣。先人詩曰：「道本自然一氣游，空空靜靜最難求。得來萬法皆無用，身形應當似水流。」

第十四則

拳義之道，大概皆是河洛之理。以之取象命名，數理兼該，順其人之動作之自然，製成法則，而人身體力行之。古人云：「天有八風，易有八卦，人有八脈，拳有八勢。是以拳術有八卦之變化。八卦者，有圓之象焉。天有九天，星有九野，地有九泉，人有九竅九數，拳有九宮，故拳術有九宮之方位。九宮者，有方之義焉。」古人以九府而作圓法，以九室而作名堂，以九區而作貢賦，以九軍而作陣法。以九竅九數（九數者，即九節也，頭為梢節，心為中節，丹田為根節；手為梢節，肘為中節，肩為根節；足為梢節，膝為中節，胯為根節。三三共九節也）而作拳術。無非用九，其理亦妙矣。

河之圖，洛之書，皆出於天地自然之數，禹之範，大撓之曆，皆聖人得於天地之心法。余蒙老農先生所授之九

宮圖，其理亦出於此，而運用之神妙，變化莫測。此圖之
道，夫婦之愚可以與知、與能及其至也，雖聖人亦有所不
知不能矣。其圖之形式，是飛九宮之道，一至九，九還一
之理。用竿九根布之，四正四根，四隅四根，當中一根。
竿不拘粗細，起初練之，地方要寬大，竿相離要遠，大約
或一丈之方形，或一丈有餘，或兩丈，不拘尺寸。練之已
熟，漸漸而縮小，縮至兩竿相離之遠近僅能容身穿行往
來，形如流水，旋轉自如，而不礙所立之竿。繞轉之形
式，用十二形，或如鷂子入林翻身之巧，或如蛇撥草入穴
之妙，或如猿猴縱跳之靈活，各形之巧妙，無所不有也。

此圖之效力，不會拳術者按法走之可以消食，血脈流
通；若練拳術而步法不活動者，走之可以能活動；練拳術
身體發拘者，走之身體可以能靈通；練拳術心中固執者，
走之可以能靈妙。無論男女老少，皆可行之，可以祛病延
年、強健身體等等，妙術不可言宣。拳經云：「打拳如走
路，看人如蒿草。武藝都道無正經，任意變化是無窮。
豈知吾得嬰兒玩，打法天下是真形。」三回九轉是一式之
理，亦皆在其中矣。

此圖明數學者，能曉此圖之理；練八卦拳者，能通此
圖之道也。此圖亦可作為遊戲運動，走練之時，舌頂上
齶；不會練拳術者，行走之時兩手屈伸，可以隨便。會拳
術者，按自己所會之法則，運用可也。無論如何運動，左
旋右轉，兩手、身體不能動著所立之竿為要。此圖不只運
動身體已也，而劍術之法，亦含藏於其中矣。此九根竿之
高矮，總要比人略高，可以九個泥墊或木墊，將竿插在

內，可以移動。練用時可分佈九宮，不練時可收在一處。若地基方便，不動亦可。若實無有竿之時，磚石分佈九宮亦可，若無磚石，畫九個小圈走之亦無不可。

總言而之，總是有竿練之為最妙，此法走練起初按一、二、三、四、五、六、七、八、九之路，返之九、八、七、六、五、四、三、二、一。此圖外四正隅八根竿，比喻八卦，當中一根又比喻共九個門。要練純熟，無論何門，亦可以起點，要之歸原，不能離開中門，即中五宮也。走之按一至二，二至三至九，返之九至八、八至七，又還於一之數。此圖一圈一根竿也，一至九，九返一，即所行之路也，名為飛九宮也，亦名陰八卦也。河圖之理藏之於內，洛書之道行之於外也。所以拳術之道，體用俱備，數理兼該，性命雙修，乾坤相交，合內外而為一者也。

走練此圖之意，九竿如同九人，如一人之敵九，左右旋轉，屈伸往來，飛躍變化，閃展騰挪。其中之法則，按著規矩，其中之妙用，亦得要自己悟會耳。其圖之道，亦和於乾坤二卦之理，六十四卦之式，皆含在其中矣。在人賢者識其大者，不賢者識其小者，得之莫不有拳術奧妙之道焉。

二、述李奎垣先生言

第　一　則

李奎垣先生云：形意拳術之道，意者即人之元性也。

在天地則為土，土者天地之性，性者人身之土也。在人則為性，在拳則為橫，橫者即拳中先天圓滿中和之一氣也。內包四德，即劈、崩、鑽、炮也，亦即真意。形意者是人之周身四肢動作，從其規矩，順其自然，外不乖於形式，內不悖於神氣，外面形式之順，是內中神氣之和，外面形式之正，是內中意氣之中。

是故見其外，知其內，誠於內，形於外，即內外合而為一者也。先賢云：「得其一而萬事畢。」此為形意拳術，形意二字大概之意義也。

坐功雖云靜極而生動，丹田之動，是外來之氣動，其實還是意動，群陰剝盡一陽來復，是陰之靜極而生動矣。丹書練己篇云：「己者我之真性，靜則為性，動則為意，妙用則為神也。」不靜則真意不動，而何有妙用乎，所以動者是真意，練拳術到至善處，亦是性至靜，真意發動，而妙用即是神也。

至於坐功靜極而動，採取火候之老嫩，法輪升降之歸根，亦不外性靜意動，一神之妙用也。

第 二 則

練形意拳術，頭層明勁，垂肩墜肘塌腰，與寫字之功夫往下按筆意思相同也。

二層練暗勁，鬆勁往外開勁縮勁，各處之勁與寫字提筆意思相同也。頂頭蹬足，是按中有提，提中有按也。

三層練化勁，以上之勁俱有而不覺有，只有神行妙用，與之隨意作草書者，意思相同也，其言拳之規則法

度，神氣結構，轉折形質與曾文正公家書論書字，言乾坤二卦，並禮樂之意者，道理亦相同也。

第　三　則

形意拳術之道，勿拘於形式，亦不可專務於形式，二者皆非正道。先師云：「法術規矩在假師傳，道理巧妙，須自己悟會。故練拳術者，不可以練偏僻奇異之形式，而身為其所拘，亦不可以練散亂無章之拳術，而不能通其道。」所以練拳術者，先要求明師得良友，心思會悟，身體力行，日日習練，不可間斷，方能有得也。不如是，混混沌沌一生，茫然無所知也。

俗語云：「世上無難事，就怕心不專。」世人皆云拳術道理深遠不好求，實則不然。《中庸》云：「道不遠人，人之為道而遠人。」天地之間，萬物之理，皆道之流行分散耳。

人為一小天地，亦天地間之一物也。故我身中之陰陽，即天地之陰陽也，萬物之理，亦即我身中之理也。大學注云：「心在內而理周乎物，物在外而理具於心。」易注云：「遠在六合以外，近在一身之中，遠取諸物，近取諸身，天地之大，六合之遠，萬物之理，莫不在我一身之中。」其拳始言一理，即形意拳中之太極三體式之起點也。中散為萬事，即陰陽五行十二形，以至各形之理，無微不至也。末復合為一理者，各形之理，總而合之，內外如一也。放之則彌六合者，即身體形式伸展，內中神氣放開，圓滿無缺也。

　　高者如同極於天也，遠者如至六合之外也，捲之則退藏於密者，即神氣縮至於丹田，至虛至無之意義也。遠取諸物者，譬如蛇之一物，曲屈天矯，來去如風，吾欲取其意也。近取諸身者，若練蛇形，須研究其形，是五行拳中（即劈、崩、鑽、炮、橫也），何行合化而生出此形之功也。勁者即內中神氣貫通之氣也。所以要看此形之行動，頭尾身，伸縮盤旋，三節一氣，無一毫之勉強也。

　　物之性能柔中帶剛，剛中有柔。柔者，如同絲帶相似，剛者，纏住別物之體，如鋼絲相似。再將物之形式動作，靈活曲折剛柔之理，而意合之，再自己身體力行而效之，功久自然得著此物之形式性能，與我之性能合而為一矣。此形之性能，格物通了，再格物他形之性能，十二形之理亦然，以至於萬形之理。只要一動一靜，驟然視見，與我之意相感，忽覺與我身中之道相合，宜虛心博問，不可自是。

　　余昔年與人相較槍拳之時，即敗於人之手，然而又借此他勝我之法術，而得明我所練之道理也。是故拳術即道理，道理即拳術，天地萬物無不可效法也，即世人亦無不可作我之師與友也。所以余幼年練拳術，性情異常剛愎，總覺己高於人。自拜郭雲深先生為師教授形意拳術，得著門徑，又得先生循循善誘，自己用功，晝夜不斷，又得良友相助，忽然豁然明悟，心闊似海。

　　回思昔日所練所行，諸事皆非，自覺心中愧悔，毛髮悚懼，自此而知古人云：「求聖求賢在於己，功名富貴在於命。」練拳術者，關於人之一生禍福，後學者不可不知

也。自此以後不敢言己之長，議人之短，知道理之無窮。
俗云：「強中自有強中手，能人背後有能人。」心中戰戰兢
兢，須臾不敢離此道理，一生亦不敢驕矜於人也。

第 四 則

形意拳之道，練之有無數之曲折層次，亦有無數之魔
力混亂，一有不察，拳中無數之弊病出焉。故練者，先以
心中虛空為體，以神氣相交為用，以腰為主宰，以丹田為
根，以三體式為基礎，以九要之規模為練拳之具，以五行
十二形為拳中之物。

故將所發出散亂之氣，順中用逆縮回，歸於丹田，用
呼吸鍛鍊，不用口鼻呼吸，要用真息積于丹田。口中之呼
吸，舌頂上齶，口似張非張，似吻非吻，還照常呼吸，不
可有一毫之勉強，要純任自然耳。

所以要除三害，挺胸、提腹、努氣是形意拳之大弊病
也。或有練的規矩不合，自己不知，身形亦覺和順，心中
亦覺自如，然而練至數年功夫，拳術之內外不覺有進步，
以通者觀之，是入於俗派自然之魔力也。

或有練者，手足動作亦整齊，內外之氣亦合得住，以
旁人觀之，周身之力量看著亦極大無窮，自覺亦復如是，
惟是與人相較，放在人家之身上，不覺有力。知者云是被
拘魔所捆也。

因兩肩根、兩胯雷根不舒展，不知內開外合之故也。
如此雖練一生，身體不能如羽毛之輕靈也。又有每日練習
身形亦和順，心中亦舒暢，忽然一朝，身形練著亦不順，

腹中覺著亦不合，所練的姿勢起落進退，亦覺不對，而心中時覺鬱悶。知者云：是到疑團之地也。

其實拳術確有進步，此時不可停功，千萬不可被疑魔所阻，即速求師說明道理而練去。用功之久，而一旦豁然貫通，則眾物之表裡精粗之無不到，而吾拳之全體大用無不明矣。至此諸魔盡去，道理不能有所阻也。邱祖云：「經一番魔亂，長一層福力也。」

附錄二　李漢章先生生平軼事

一、摘錄漢沽區志人物李漢章先生傳

　　李漢章（1880～1962），男，寨上人，幼時隨母習武，12歲拜寧河縣豐台人唐維祿為師，學長拳及形意拳。

　　因家境貧窮，18歲時當鹽工，他身體粗壯，秉性剛直，愛打抱不平。清宣統二年（1910）春，三名鹽巡調戲一少婦，他聞訊趕到，將鹽巡打跑。鹽巡大隊40餘人前來報復，被他拳打腳踢，使其狼狽而逃，有的被他扔進水坑。為躲避鹽巡尋釁，他離家出走，多處拜師學藝。

　　李漢章找北京程廷華學八卦掌時，與程的弟子比武中，用「貼山靠」把影壁牆撞倒，程認為他功夫不凡，收其為徒，傳給他「游身連環八卦掌」。

　　1942年（民國31年）春，兩個日本人在寨上大街上調戲一中國女性，李漢章怒不可遏，把兩個日本人打倒在地。因此遭員警的搜捕，他逃到長春范家屯，在腳行裡教場子。

　　1943年（民國32年）夏，日本浪人在長春設摔跤場，摔壞不少中國人。李漢章義憤之下，下場比武，不過三招，將日本浪人舉起扔到場外。為此，日本人的長春武

271

術協會下帖子「請」他去比武。有人勸他逃走，有人要他故意輸招以免招禍。但他表示，一人做事一人當，決不連累鄉親們。結果，在比武場上又連敗三名日本武士。日本人惱羞成怒，憲兵隊和警察局抓捕他，他逃到哈爾濱，在王太生的腳行裡躲過幾個月，才返回范家屯。

1944年（民國33年）春節，范家屯腳行的寧河同鄉演出傳統節目「羅漢會」，突然日本人獅子會的兩頭「獅子」向「羅漢」衝來，李漢章一步竄到大路中間，左右開弓，把兩頭「獅子」摔倒。日本人從獅皮裡鑽出來就要動武，一看李漢章威風凜凜，羅漢隊群情激奮，只好撤退。為此，李漢章又遭日偽特務搜捕，被迫逃往奉天（今瀋陽），直到1945年（民國34年）秋，才又回到範家屯。

日本投降後，國民黨佔據長春，他全家於1947年（民國36年）春回到漢沽。1948年漢沽解放，從此全家結束流浪生活。

1957年李漢章當選為政協漢沽市第二屆委員，並擔任天津化工廠警隊武術教練。

1961年當選為政協漢沽市第三屆委員。

1962年病逝，終年82歲。

（天津市漢沽區地方誌編修委員會編著）

二、李漢章先生生平

西元1880年2月23日，李漢章先生誕生於天津漢沽。

李漢章先生原籍河北寶坻林亭口人，生於武術世家。家父李雁驥，是寶坻李半朝李。早年間，後代們分支而

散，寶坻林亭口發大水，1871年來到了漢沽鎮寨上莊，後到河西小李莊，開了二畝三分地，夫妻倆以種莊稼為生。1874年又搬到寨上娘娘廟街。

李漢章先生的外祖父是河北滄州人，叫張明遠，早年是馬戲班的班頭，也是燕青門武術高手，人稱「燕青張三」。其母人稱雁大奶奶，受父親的影響，也練就了一身好功夫。

李漢章先生八歲跟從父母習練燕青拳，15歲拜唐維祿為師習練形意拳，後得形意拳名家申萬林親傳。

1898年秋，李漢章先生經申萬林先生推薦，由孫祿堂先生引見在河北完縣拜李奎元先生為師，與孫祿堂先生同拜恩師門下。

1899年，李漢章先生經李奎元先生推薦從完縣進京又拜程廷華先生為師，被先生收為弟子，並送「鐵背熊」稱號。

李漢章先生，遊歷四方，各地尋師訪友，聞有名師不遠千里而尋求之，終身從十餘師者。隨身存放一個小摺子，記載了曾拜訪的名家，如下有：程廷華、李存義、尚雲祥、李奎元、張占魁、申萬林、孫祿堂、戴子高、王成、劉雲、申殿俠、付長榮、肖喚章、張井富、唐維祿、哈文順、劉俠成、菊花山道人等各位老前輩，其弟子們大多數都見到過這本小摺子，現已不明下落。

先生習武一生，專心致志數十年，用畢生之精力，潛心研究形意、八卦拳和武術化境之功，繼承和發揚了老前輩武術之精華，集形意、八卦於一身，又獨創為一家。尤

為「鐵背熊」、五龍盤身和形意、八卦盤身刀等功法融會貫通，成為津武一代宗師。

先生一生家境清貧，生活坎坷，歷經艱苦，曾多次到東北各地，流落漂泊十餘載。為振奮中華民族精神，洗雪「東亞病夫」之國恥，曾在東北瀋陽、長春、哈爾濱等地多次擊敗日本武士。先生一生行俠仗義，除暴安良，30年代在瀋陽解救滄州賣藝藝人一家三口（60多年後，其長孫李拓原在大連療養時，巧遇當年祖父解救的藝人的妻子和女兒，老婦人已80多歲，見到作者非常激動，講述了當年逃離瀋陽上錯了火車來到了大連，丈夫因被匪人打得有內傷吐血不止，含恨慘死在街頭，臨終時囑妻子和女兒：不要忘了救命恩人）。1949年前在漢沽地區及沿海一帶，痛打鹽警和海匪，為民除害，至今佳話廣為流傳，為此當年民眾為敬仰先生的武德，曾贈匾題詞：習武觀德。以讚揚先生美德。

先生曾設教場於河北、天津、唐山、東北瀋陽、長春、哈爾濱及當地，收徒百餘人，從學者無數，可謂桃李滿天下。

新中國成立後，先生繼續在天津化工廠警衛隊，本區搬運工會等單位教授武術，為發揚光大中華民族尚武精神，振興中華武術，推動和發展武術事業做出了傑出貢獻。

先生榮任天津市漢沽區兩屆政協委員，區政府鑒於先生的愛國為民，武德高尚，曾三次授獎，區文史室在地方誌名人錄卷中將先生的生平軼事記錄入卷。

1962年2月26日，李漢章先生去世，享年82歲。

先生臨終時，神態自若，對自己後事的安排說到：不穿壽裝，囑家人勿哀哭。一身布衣，盤腿端坐，並對長孫說：你學的東西都扔了，也不要把盤身雙刀扔了，這是好東西，全國沒有啊。而後說：我走了。老人家微笑而逝，氣息雖無，但面潤如生，家人和弟子數人在場，先生遺體至四五個小時體溫仍如常人，令人驚奇。

三、鐵背熊橫掃鹽警隊

李漢章，天津市漢沽區寨上人，祖籍寶坻縣林亭口鄉任家莊，生於清光緒六年（1880年）。其母出身滄州武術世家，自幼得其母真傳。成年後拜寧河東豐台鎮唐維錄為師，並得其師爺申萬霖親傳。稍後獨自赴保定，經孫祿堂引薦，得形意名家李奎元傳授。由於博取眾家之長，除熟練各種兵器外，尤以形意「五龍盤身」見長，更以「貼身靠」聞名武林界。據傳，磚牆經他一靠，即刻傾斜倒塌。漢章和京津許多名家切磋技藝，皆贊其「貼身靠」功深藝湛，稱譽漢章為「鐵背熊」。

漢章出身貧苦，為人坦誠耿直，凡遇不平之事，不懼權勢，敢於見義勇為。至今，當地還傳頌他為搭救無辜毆打鹽警的事蹟。

話說宣統二年（1910年）初冬的一個早上，有兩個鹽警從興隆街北頭的妓院出來，哼著河北梆子腔進了鐵獅坨街。正這時候，一個少婦出門潑水，潑到了一個鹽警的鞋上，那鹽警是個記臉兒，橫眉立目剛要發作，見少婦生

得眉清目秀，馬上換作一副笑臉湊了過去。少婦說聲對不起，嚇得往門裡退，不料，另一個鹽警堵住了門，呲著大牙死盯住少婦。

記臉兒說：「妹子，說聲對不起值幾個錢，還是用小手給哥哥擦乾淨的好！」大呲牙也嬉皮笑臉說：「要是讓我潑你一腳水，我就用手絹兒把你的小腳兒擦幾遍！」少婦見他們發壞，氣得捂著臉大哭起來。少婦的丈夫、公婆聽到哭聲急忙跑出門。公婆怕兒媳受侮辱，一個勁地說好話央求；丈夫年輕性子暴，見妻子受了委屈，上前說理：「我們是老實人家，妓院在那邊，你們調戲民女，我告你們去！」

大呲牙眯著眼說：「她向我們潑水，你反倒賴我們調戲民女，今天我必叫你去告！」說著，左右開攻兩個耳光，鮮血立時從年輕人嘴角流出。公婆見媳婦受侮辱，兒子挨了打，趴在當街給過路人磕頭，央求救救一家人。

正這節骨眼兒，李漢章從河邊溜達回來。鹽警平日為非做歹，他早就氣不過，聽了此情豈能不管，上前對鹽警說道：「你們家裡也有姐妹，怎不去糟蹋，光天化日到街上撒野，我今天教訓教訓你們！」

鹽警見殺出個程咬金來，歪著腦袋打量漢章，記臉兒見漢章一身正氣，不敢輕舉妄動，可嘴皮還是硬的：「你管閒事有啥好處，我勸你別找病，快躲開！」漢章說：「讓我不管也行，你們向這家賠個不是。」記臉兒雙手叉腰笑道：「好你個窮鬼，敬酒不吃吃罰酒，在老子面前逞什麼威風。」說罷，朝大呲牙遞了個眼色，二人分別朝漢

章前後撲來。漢章閃身一躲，兩個傢伙對撞一起，漢章就勢掐住二人脖子，往下一摁，便都嘴啃地了。漢章就勢給二人屁股加了一腳，問道：「怎麼不逞威風了？」二人從地上爬起，撒腿就往東跑，跑出十幾丈遠，回頭喊道：「有種的等著！」鄉親們上來勸漢章躲避一下，漢章上來了倔脾氣，坐在一家臺階上等著。

兩個鹽警一口氣跑到鹽巡營，添油加醋一番報告，惹惱了營務官賀耀榮。賀個兒不高，餅子臉兒長著麻子，有人送他一個外號叫「芝麻燒餅」，當地一提「燒餅」便知是他。他腆著大肚子對記臉兒說：「你把金中隊長叫來。」這個金中隊長，是鹽巡營有名的把式，身高力氣大，曾用一隻手舉起過軋鹽池用的碌碡，據說他在山東陽信縣學過拳腳，平一日裡幾個人近他不得，自號「金俠客」。

金俠客聽了介紹，尋思說：「早聽說當地有個李漢章，不知是也不是，俺早就想會會他！」吃過苦頭的記臉兒說道：「金隊長千萬不要粗心大意，那窮鬼好生厲害！」賀耀榮接過說：「厲害個屁，老金就帶上你那個中隊去一趟，不行就一塊兒上，說什麼也要捉他來，我也跟著去助威！」

工夫不大，四十多鹽警分東西兩路開進鐵獅坨街。這時候，漢章怕施展不開，已經轉移到街東頭的水塢旁。漢章背向水塢，像一座鐵塔站定，鹽警呈扇形做三面包抄。賀耀榮站在一家高臺階上喊話：「喂，是乖乖跟我走，還是費一番事？」漢章只當沒聽見，拉著架子等著。鹽警離得近了，不敢再往前走。都在兩丈開外站立下來。

　　就這時候，有人在鹽警後面高聲喝道：「殺雞何用宰牛刀，待我收拾他……」話音未落，金俠客鑽進了圈內。漢章用眼盯著金，不敢大意。金俠客以為漢章膽怯了，急往前進招，只見漢章身子一抖，腦後的那根辮子便豎了起來，像棍子一樣抽在了金的眼上，金立刻辨不清東西南北，漢章趁勢跨上一步，攦住金的手腕往身後一牽，金踉踉蹌蹌撲進了水塢裡。水塢剛結了一層薄冰，金在冰窟窿裡拱來拱去，眾鹽警嚇得一動不動。

　　賀耀榮見敗了大將，眾鹽警又不敢向前，揮手喊道：「他媽的愣著幹什麼，都給我上！」有四五個膽子大的，一步步湊過來。漢章待他們湊到跟前出其不意貓下腰，攦住一個鹽警的腳脖子往後一端，那鹽警越過漢章頭頂，撲通一聲秎進了水塢。餘下的見有機可乘，忙上前去抱漢章，漢章正好可用「貼身靠」，七靠八靠一個個又都掉進了水塢。賀耀榮氣急敗壞，大聲呼叫：「都給我上，不上就他媽的回家抱孩子去……」三十多鹽警只好硬著頭皮，豁出命一擁而上，企圖靠人多把漢章擠住。漢章先用拳腳護住自己，然後聲東擊西，又將幾個鹽警拽入水塢。鹽警終於不敢動了，儘管賀耀榮不住吆喝，也無濟於事。

　　這時，水塢裡的鹽警都往上爬，老百姓看到他們凍得哆哆嗦嗦的可憐相，都摀著嘴笑。賀耀榮見隊伍被打垮，氣得臉上青筋暴跳，甩下眾鹽警，扭頭就走，嘴裡罵罵咧咧：「好小子回頭見，試一試是你的腦袋硬，還是我的槍子兒硬！」誰都知道，鹽警只能拿槍守鹽灘，出得鹽灘不得隨意帶槍，賀耀榮是說大話不上稅。

　　鄉親們知道鹽巡營不肯善罷甘休，還要來找茬兒，就把漢章隱蔽起來了。不久，由一個叫李伯舟的士紳出面打點，賀耀榮這時已瞭解到是那兩個鹽警滋事，迫於社會輿論，又怕鬧下去被長蘆緝私統領知道丟了紗帽，便順水推舟一結了事。

　　—— HTK 摘錄靳懷義著《津門武林軼事》

四、李漢章勇戰三力

　　「七七事變」後，漢沽鹽灘被日本人佔領。日本國內產鹽少，大部分靠掠奪漢沽、塘沽兩地的鹽運往國內。讓老百姓給幹活，又不讓吃飽肚子。人們聽說東北糧食多些，便紛紛闖了關東。1938年秋天，58歲的李漢章被迫離鄉背井，流落到了哈爾濱。

　　當時，天津東部一帶的人流落到哈爾濱，主要是當腳行。同鄉人知道漢章會武術，都勸他設個場子，不但同鄉人能學，當地人也可以學。漢章在同鄉人的幫助下，就租了火車站附近的一處宅院，招了二十幾個徒弟，借一早一晚教練拳腳。

　　日本人在哈爾濱為所欲為，老百姓在淫威下，表面不得不逆來順受，可暗地裡卻罵個不停。日本人一有動靜，就議論紛紛，一天下午，徒弟們對漢章說，日本人在附近建了一所骨灰堂，在堂的大院裡設了個摔跤場，看守骨灰堂的日本人摔壞不少中國人。漢章說：「走，咱們看看去。」

師徒數人來到摔跤場，人們已把大院擠得水泄不通。只聽一個老鄉說：「就看王大栓的了，再摔不過人家，咱這塊土誰還敢上。」一個年輕人生氣道：「可歎我不會把式，要是會三拳兩腳，也不能眼看著中國人挨摔！」

漢章撥開人群往裡看，還沒看清楚，就聽撲通一聲，有人歎道王大栓倒地了。漢章看到王大栓渾身是土，鼻子流著血，一瘸一拐被人攙出場外。日本人年輕塊頭大，生得豹頭環眼，背著手在場子上咕咕亂叫。

漢章問旁邊的人：「他在講些什麼？」哈爾濱人大多會點日本話，旁邊的人說：他說中國人吃的不好，骨頭軟沒有勁，在中國人裡面找不到對手。太沒趣兒啦！」漢章聽了，怒火燒頭，一個箭步躥進了場子，朝日本人喊道：「喂，別神氣，咱倆試試！」日本人看看漢章，搖了下頭，用生硬的中國話說：「你的，老頭的幹活，大了大了的，白白的摔死的，我的不買棺材的，你的去那裡的。」日本人說著指了一下骨灰堂。

漢章氣得直喘，也指著骨灰堂說：「我要把你摔死，你的你的就去那裡了！」日本人好像聽懂了漢章的話，哈哈大笑說：「一樣的一樣的！」說完，扔給漢章一個褡褳，漢章接過沒穿，只是圍在了腰間，兩入便動作起來。日本人雖說身高體胖，動作起來卻很靈敏，兜了兩圈，向前一躍側身抓住了漢章腰間的褡褳，企圖將漢章拽倒，漢章忙使出「千斤墜」，順手攥住對方腕子，另一手抓住對方褡褳，嗨地一聲將那日本人舉過頭頂，再一運力扔出了丈外。觀眾大多是中國人，不住地大聲喝彩。日本人面紅

耳赤，從地上爬起，朝漢章鞠了一躬。

　　晚上，徒弟們打了兩瓶燒酒，又稱了一塊豬頭肉，師徒坐在一起慶賀勝利。正喝得高興，進來兩個陌生人。一個打扮得紳士模樣的日本人，一個是穿西裝的中國翻譯，手裡拿著一張請帖。日本紳士向漢章深鞠一躬，接著嘀裡咕嘟說了一陣。

　　翻譯說：吉野先生方才作了自我介紹，他是大日本駐東三省的武術協會理事，今天的事都看清楚了，誇獎這位老先生不愧為中國當今武傑，請老先生三天後下午兩點繼續比賽。請問老先生貴姓，如何稱呼？」

　　漢章報了姓名，翻譯掏筆在請帖上填了姓名交了漢章。吉野和翻譯走後，徒弟們勸漢章躲一躲，漢章犯了倔脾氣，嚷道：「半個中國都到人家手裡了，我到哪去躲，好漢做事好漢當，你們別管了。」徒弟們不敢再往下說。

　　第二天上午，漢章正在思想比武之事，又來一人勸阻，這來者即是同鄉又是表親，在哈爾濱做小生意。表親說：「漢章你想一想，這裡是日本人的天下，輸了不是傷就是死，贏了保命也難，依我看今天就躲了吧！」漢章搖頭說：「什麼躲了，那不是逃跑嗎，這不把中國人的臉丟盡了，反正摔跤他不能動槍動炮，只要是摔跤我就不在乎！」表親歎息說：「就怕他們不講這個理。」漢章過了一會兒說：「我是個大老粗兒，可我明白事已到此只好頂著了，有句話委託你，我若有個三長兩短，你回家捎個信兒去，見了我師兄弟就說我生在亂世當中沒白頂一張人皮。」表親走後，師徒們開始商議比賽事情。

　　比賽的日子到了，摔跤場四周站滿了人。場子南端搭起一座看臺，足有一丈多高，日本駐哈爾濱的軍政要員幾乎都坐在看臺上，正中坐著的是駐軍司令，旁邊坐的是吉野，他不住地跟司令耳語，那司令時而點頭，時而抬頭大笑。賽場雖然沒有日本兵荷槍實彈把守，但漢奸、特務卻走來走去。空氣異常緊張。

　　場上先後站出日本三個武士，各個體壯如牛。翻譯先向觀眾介紹了漢章，然後依次介紹日本三個武士。他們分別叫大力、二力、三力，據說三力功夫比二力好，二力功夫比大力好。不知道這三個「力」是他們名字，還是他們的號。

　　第一個由大力出場，他見漢章個子不高，又身穿一件對襟土棉襖，便趾高氣場地伸一陣胳膊，蹬一陣腿，然後大搖大擺在場上走來走去，流露出一副必勝的神氣。哨聲一響，搏鬥馬上開始，漢章故作膽怯，躲著大力腳拳。大力以為漢章不敵，急於出手抓住漢章，漢章一個急閃身，捉住了大力手腕，晃身一抖，只見那大力跌跌撞撞倒在了丈遠以外。觀眾沒想到土老頭力氣如此之大，眨眼工夫便勝了一場，不停地拍手助興。

　　這時二力跑步進入場內，沒等大力爬起站穩，叭叭叭三個耳光就落在了大力嘴巴上，大力挨完打，向二力立正鞠躬退出場去。哨聲響了，二力和漢章交手。他見大力吃了虧，便不輕易貼近漢章，企圖伺機尋漢章破綻。漢章進招幾次落空，十分鐘過去，漢章額角有了汗氣。二力見機會到了，急抓漢章腰部，漢章曲身一躲，正好用上胎形

拳，狠狠一擊，二力連滾帶爬倒地。觀眾歡聲四起，不住跳躍。

三力跑步進場，照樣打了二力三記耳光，二力規規矩矩挨完打，垂頭喪氣退出場去。哨聲再響，三力和漢章拉開架式。二人兜了幾圈，漢章額角汗水已經流下。三力的功夫顯見高於大力、二力，他不僅力氣大，出手異常刁狠，觀眾開始為漢章擔心。這時，一招一式不慎，就會遭到失敗。漢章久闖江湖，心計甚多，為了消耗對方體力，只跟三力虛兜。幾分鐘後，果然三力喘氣不勻。三力沉不住氣了，飛身跳起，一手抓住漢章肩膀，抓破了皮肉企圖就勢將漢章扳倒。漢章扭身將脊背亮給三力，三力豈知是計，伸手就來抱腰。漢章就勢正好用上「貼身靠」三力不曾防備，踉踉蹌蹌往後退，漢章回身追上猛擊一掌，正中三力前胸，三力摔出兩丈餘遠，口吐鮮血，仰面朝天直躺地上。觀眾開始目瞪口呆，接著嘩動起來。漢章豈敢再看三力死活，趁機鑽進人群不見了。

當天，日本幾十個便衣殺手搜捕漢章。但漢章早已化裝商人，在徒弟們掩護下出了哈爾濱，連夜抵達長春以北的范家屯。數日後漢章返回漢沽，從此專心設場教徒。

1949年後，漢章曾被推選為漢沽區政協委員，1962年不幸病逝，今門人遍及天津、河北各地。其門人陳世喜、肖玉芝、其孫李拓原設場教徒，在當地頗有影響。

—— HTK 摘錄靳懷義著《津門武林軼事》

附錄三　形意拳傳承及
個人信件材料

孫劍雲先生與李家通信手書

拓原你好：

真對不起，春節前接您匯款正是我忙於返故鄉佈置我父逝世六十周年活動事宜，本擬小住幾日返京再寫信給您，不料到故鄉即遇寒流，至患感冒，正月初九日匆匆返京吃藥，又是日本武術代表團訪中，亞武聯、菲律賓、馬來西亞等代表也相繼來京，又是一番應酬，加以天冷暖時變，於三月初即臥病，經中西醫藥治救及時，直到上週始見好轉，現已不吃藥了，勿念。

五月份我將應上海國際武術表演會的邀請去滬，並將去南京、蘇州一行，順便函告。

近日府上可好？工作忙否？頗念。

再陳匆匆覆謝順頌。

近安。

閣府均此候候。

孫劍雲上

一九九二年三月廿二

李漢章先生弟子邵若貴的證明材料

有關我的老恩師李漢章先生。生前拜師訪友證明材料

我叫邵若貴，原天津化工廠，現已離休。我自1959年遞貼，拜李漢章先生為師。那時候我經常到老師家習武學藝，看見他老人家有個記帳的摺子，外邊有一個套，摺子打開後，上面用毛筆寫著好幾十位老前輩的名單，在我經常看這些人名時，老師就逐個地向我介紹他們的絕技和特長。因年深日久，有好些人名我想不起來啦，現僅將回憶起來的武林老前輩名單陳述如下：

唐維祿，付長榮（付劍秋），張景富，劉六，戴子高，肖煥章，申萬林，申殿俠，李奎元，孫福全（孫祿堂），郭雲深，尚雲祥，李存義，王成，程廷華，張占魁，單會川。

唐維祿：豐台人，是我老師第一個形意拳傳人。

付長榮：子劍秋，蘆台，曹莊子人，解放後病故。

張景富：蘆台人，人稱果子張。

劉　六：蘆台人，我老師在手法上運用的「猴洗臉」就是劉先生傳的。

戴子高：家住皂甸，雙手打整個牛皮做的大沙袋，把沙袋吊在房樑上，走八卦來打。

肖煥章：家住肖莊子，人稱大杆子肖四並練鐵襠。

申萬林：人稱神瞎子，他老年歲大後，雙眼有毛病，一生沒有兒女，他老是唐維祿、張景富、付長榮的老師，他老來漢沽時，又對我的老師在技藝上曾給已傳教。

申殿俠：是申萬林老先生的義子，脾氣火爆，平生誰也不服，聽老師說，「因瞧不起付長榮，曾只用一隻右手向付長榮進招。嚇的付不敢接招。因為付先向申萬林學藝，後拜李存義為師，二人才反目。」

李奎元：是孫祿堂先生的老師，後來我老師經孫祿堂先生介紹又拜李奎元先生為師，後經李奎元老先生推薦，我老師才進京又拜程廷華老先生為師，至此，技藝大進。

孫福全：子祿堂，河北定縣人，人稱賽活猴，聽我老師講：「孫祿堂老哥哥一個蛇形，向大春登下邊串過去，並說，他的功夫太高啦，那功夫你們是見不到的。」

郭雲深：人稱不倒翁，半套崩拳打遍天下無敵手。聽我老師講：「在我（指我老師李漢章）和我的老師李奎元去拜訪他老時，因為郭老先生年歲太大啦，只教我（李漢章）練並滿口稱讚很好，說，接著練吧。」郭雲深老先生，和八卦祖師董海川老先生，二人動過手，三天不分勝敗，後來二人言和，所以形意、八卦為一家人。

尚雲祥：因身材短，人稱鐵腳佛。

李存義：人稱單刀李，一生保鏢，鏢旗上有一個李字，走遍全國沒人敢搶鏢車，因座貨輪去上海，在吳淞口船翻了，活活被淹死。

王　成：聽老師講：我老師（李漢章）的五龍盤身就是王成傳的，王成一生在滄縣教武術，因為滄縣武術最出名的把式窩。

程廷華：他老人家是八卦祖師董海川的長門大弟子，人稱「眼鏡程」，除董海川老先生外，就數程廷華老先生

能為大了。因庚子年八國聯軍進京時，為抗擊洋人，死在亂槍之下。

張占魁：人稱閃電手，因為老先生練的形意、八卦手法太快啦。

單會川：能在城牆上走八卦。

上述老前輩名單是我在老恩師拜師訪友摺子裡多次親眼所見，有關具體人物情況，是老恩師生前對我講述的。故此我願意出示此證，以證實老恩師李漢章先生習武一生，歷拜名師。本人願為證詞負法律責任。

證人：李漢章生前授藝弟子
邵若貴　　（邵.章）
一九九零年十月十五日

李漢章先生弟子董秉義的證明材料

老師李漢章有一本小折冊傳給了我，幾經搬遷，不慎丟失了。

回想到，小折冊上寫有各種名師、拜友，有老師唐維祿，師叔張景富，付劍秋。承拜李奎元老師，師兄孫福全。上寫有肖四、肖煥章，神鞭趙五，劉六。

小折冊上還寫有承拜程廷華老師。其他上還寫有戴子高，秦向臣，申殿俠等。

小折冊上還寫有拳譜和二人對拆圖形。這本小折冊很有保存價值，但不幸丟失了。

弟子：董炳義（章）
西元一九九三年八月八日

原漢沽公安局郝景雲的證明材料

關於收饋贈李漢章先生拾貳塊匾證明材料：

一九五三年我在漢沽鎮公安局工作時，據我所知，拾貳塊匾中有一塊匾長七百，寬四百五，是紫檀木，是南武會贈送，中華民國多少年不記得，上刻著：李存義，尚雲祥，孫祿堂，唐維祿，付長榮，張景富，李漢章。在寨上北公所掛著，是院內正門口上面。共七個人名。

證明人：郝景雲（章）

一九九〇年三月二十六日

李漢章先生再傳弟子張振遠與
李家的通信手書

拓原弟：

您好，我們懷著沉痛的心情，向我師系門派武林界前輩和諸友沉痛訃告，我門派李老前輩得意高徒——我母王純貞氏於1993年2月6日晚18：30時與世長辭逝世，終年85歲，生於1908年9月20日，祖居河北省樂亭縣，幼年家境貧寒，奮發攻讀私塾，並研習少林拳術，文學與武學大有進展，因家境所迫，遂隨父、母闖關東謀生，在吉林省懷德縣范家屯生活期間，為了深造，弘揚中華武術，經武術界朋友介紹，拜於前輩一代宗師——李漢章先生門下，研習形意、八卦，深受老師器重，得到武林高手的親傳，學到了不少武林絕技，為使中華武術發揚光大，把我們姊妹三人領去磕頭，我們從此得到師爺的親傳。使我們武技大有長進，先後走訪過一些名家，如李雲良，武敬安，鄒老大夫等人，受到武林界的器重，享有一定的威望。後來通化工作，我母在街道工作任主任二十餘年，深受人們的尊敬與擁護，為黨的工作鞠躬盡瘁死而後已。老母承系師門武技，不但練得了一身絕技，而更主要繼承師門光榮傳統，良好的武德，高尚的品德。這一光榮傳統得到發揚與光大，歸功於我母嚴於律己，身教重於言教的偉大不朽的精神。母親的一生是偉大的一生，是光榮的一生，永遠是我們學習的楷模。我母親為黨的工作，為弘揚中華武術作出了不可磨滅的貢獻。母親的逝世是我師系門

派一個很大的損失。在關外吉林一代整頓師系門戶、言傳身教，起到了很大的作用。我們將化悲痛為力量，繼承母親的遺志，前進！取得更大的勝利。

母親逝世的消息本想當時告訴你們，考慮到大家工作很忙，這邊又不能耽誤太久，所以沒有告訴你們，請見諒。近來工作忙吧？家中師叔們和肖師叔（武術館長）都好吧？最近總沒見信，不知何故？我已退休了，今年已60歲，身體尚好，每日早晚兩次堅持鍛鍊形意、八卦，每日生活尚規律，只是老母走後心情始終不太好。你那邊有什麼事情請來信。順致

近安！

兄　張振遠

93.2.21

李漢章先生再傳弟子關亞東與
李家通信

李老師您好！

自10月28日晚與您通話後有一種身歸其家的感覺，這大概就是習武人的歸屬感和一脈相承師承統系吧。早在幾年前在雜誌上知道您繼承師爺的衣缽堅持習武後，就想著有一天能夠與您聯繫，更希望與您一起交流習武的心得，以便受到啟發和糾正及補充自身的不足。再則自從習武那天起就從師父的口中得知師爺的功夫和事蹟，而能夠繼承他老人家武藝的非你莫屬，所以很想領略您習武的風采和武論的闡述。

在我年輕的心裡就埋下了崇拜師爺的種子，鞭策著我近三十年習武不輟。現在我習武也算是小有成就，我的一些資料在《遼寧法制報》上刊登過，有的網站也有轉載，點我的名字就可搜索到，在此不介紹。在這裡我特別想把在心裡很久就埋藏著個想法想和您說一下：

師爺的功力在現代的形意拳史上佔據著重要的地位，極具有研究和推廣價值。與孫祿堂先生同出一師並比他經歷了更加兇險境地的生死之戰，對一個習武人來說是難得的閱歷和綜合實力的檢驗。曾有名家說過：「一次實戰勝過十年練功」，此話道理頗深。師爺的經歷與心得及成就所實戰的功力就是在形意名家中也是屈指可數的。所以我想徵求您的意見，策畫一下，看看怎樣才能光大和弘揚我門派武術精髓，讓世人知道在中華武術寶庫中蘊藏著我們

這支絢麗的瑰寶，也不負師爺對我輩的一次傳承。武術界講究正宗正脈，只有您才能擔負起這個重任，我們在北方極力配合您的工作，再聯合您所知道的本門的後人，我想能夠推動我門武功的興旺。這個想法不算成熟，僅供您參考。

如果有機會來遼陽的話我將盛情接待。祝您身體健康，闔家歡樂！

願我們為共同的武術事業盡心盡力！

此致。

關亞東

2008 年 11 月 8 日

河北著名評書藝術家鐘田芳先生
創編評書《李漢章傳奇》

河北著名評書藝術家鐘田芳先生，演唱的西河大鼓書有說、有唱、邊說邊唱，韻味優美動聽，表演獨具風格，現漢沽地區60歲以上的聽眾，提起鐘田芳演唱的西河大鼓書還津津樂道，回味無窮。

全國解放初期，鐘田芳先生收集、整理了李漢章先生一生習武，光明磊落、見義勇為、除暴安良、擊敗日本武士的民族氣節以及堅實的武功，獨特的武技，創編成西河大鼓書《李漢章傳奇》。上世紀五六十年代在漢沽地區戲院專場表演評書，為愉悅人民群眾的文化生活，宣揚民族精神都產生了很大的影響。

其長子鐘子耕傳承父藝，又將《李漢章傳奇》評書重新整理、錄音製成光碟，其章節共八回，時間長約4個多小時：

第一回至第二回：惡僧尋仇

第三回至第四回：申師傳藝

第五回至第六回：形意、八卦雙修

第七回至第八回：弟兄與能人三訪

鐘子耕於上世紀80年代曾參加天津地區曲藝表演大賽，表演了自己整理的評書「李漢章傳奇」片段，受到了行家們的好評，獲得大賽二等獎。

評書《李漢章傳奇》是一部很有意義的影視編劇素材，在上世紀80年代由鐘子耕促成了天津人民出版社文

化編輯室與河南電視劇二組聯合策畫拍攝《李漢章傳奇》電視連續劇十集。因當時籌措資金困難等原因，此事擱淺。終成憾事！

——作者李拓原

本系形意拳師承表

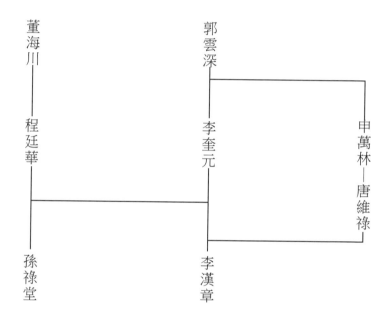

李家世系表

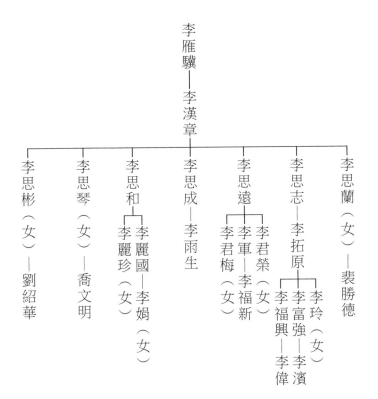

李漢章先生傳人宗譜

傳盟弟：李維菊　吳三虎　崔仲芳　李廣平　李玉海
李玉凡　曹學成　王太全　董佩亭

第一代嫡傳

傳子女：李思蘭（女）　李思治　李思成　李思和
　　　　　李思斌（女）

第一批：崔小橋　李潤章　吳在學　李維光　王子西
第二批：翟玉林　王祖訊　李德健　李克珍　李玉和
　　　　楊寶興　高廷林　孫桂林
第三批：李來慶　張克來　董炳義　王寶泰　李承德
　　　　包殿容　董兆峰　李潤亭　王雲生　李瑞祥
　　　　吳桂祥　吳克成　王煥起
第四批：邵乃宣　張炳全　王雲賀　李潤來　吳振遠
　　　　邵俊明　崔兆朋　梁樹堂　張雲祥　王雲祥
　　　　李來得

瀋　陽：劉術林　李紹宏　李紀明等
長　春：王純貞（女）　張文會　王鐵成
哈爾濱：李宗旭　付啟桐　李廣進　江紀瑞
第五批：董炳華　邵義生　李家財　王志剛　王志本
　　　　岳洪貴　李成斌　徐寶山　王興華　李建臣
第六批：陳世喜　王敬志　李家珠　邵若貴　肖玉芝
　　　　吳寶田　劉金生　劉金才　焦建業　李玉廷
　　　　楊會忠　王有貴　王連和　趙安亭　龐志成
　　　　韓潤泉　張廣田　董義茂　李西安　張次珍

　　張凡琪　劉漢忠　劉玉亭

第二代嫡傳

李思治傳弟子：李拓原　馬九初　陳西華　楊丙和
　　　　　　　　裴勝德　曹月奇　劉少華　鐘子耕
　　　　　　　　張耀宗　王思靜　張茂青　王家春
　　　　　　　　李伯池　劉　強　李德華　邵義勝
　　　　　　　　張金東　邵長孚　袁術宏　李連貴

李思和傳弟子：李麗國　張會民。魯鎮山　李樹文
　　　　　　　　劉起友　梁賀友

李潤來傳弟子：李陽春　李光春　李長春

董炳義傳弟子：董春來　董春傑　邵兆貴　胡兆安
　　　　　　　　孫玉寶　張景信　楊佩忠　李俊朋

王祖訊傳弟子：王東遠。

王純貞傳弟子：張真芝　張麗芝　張振遠

王鐵成傳弟子：關亞東　關　閣　李國慶　張雲波
　　　　　　　　咸　威　劉學忠　崔立濤　邢德清
　　　　　　　　金　生　胡金建　張和平　劉　好
　　　　　　　　于世永　劉光強　王乃擁　周克猛
　　　　　　　　劉春玉　劉奉先　張宏偉　張永強

李來得傳弟子：趙立功　郭克志

李瑞祥傳弟子：王維士　邵雲州　李景富　李紹義
　　　　　　　　吳林發　李福祥

梁樹堂傳弟子：張金和　王洪國　邢士存

董炳華傳弟子：董春元　王紹山　肖玉安　李雲友
　　　　　　　　蘇金紅　周喜增　蘇金余　潘文忠

```
                        李長利　劉金弟　劉全存　謝紅軍
徐寶山傳弟子：畢志堅　白玉起
陳世喜傳弟子：陳金滿　陳金瑞　李振月　喬文忠
            李鐵明　李玉國　畢繼東
肖玉芝傳弟子：肖平安　張振旺　王子平　趙貴忠
邵若貴傳弟子：楊恩同　唐廣明　王新華
李西安傳弟子：李夢雄
王敬志傳弟子：王金萬
張次珍傳弟子：陳術會
劉金才傳弟子：劉廣明
王連和傳弟子：劉順得　王風德
劉玉亭傳弟子：劉國瑞　劉東風　曹德生　鐘子印
            劉海洲
董義茂傳弟子：董俊華　李成林　崔春喜　王春燕
            戴增懷　王歡群　李克宏　李雙慶
            叢克奎　張來權　門立新　唐勝軍
            王廣發　王　強　李金森　王春全
            王秀全　王克貴　李桂來　張來友
            崔建忠　李　偉
王有貴傳弟子：王福明　郭　健
```

第三代嫡傳

```
李拓原傳弟子：李福興　李福強　李　玲（女）
            吳智慧（女）　王家林　王立群
            李慶海　王　陶　董　生　張長增
            高井功　張孝東　孟慶德　吳桂芝
```

300

（女）　王士傑　唐廣建　劉　鐵
張振遠　吳如濱　湯池江　邵奎元
李志鐵　付　勇　程　傑　張敬雅
（女）　孫立新（女）張建偉
李志強　劉宗狀

宗譜說明：

一、本宗譜為李漢章老先生生前漢沽地區授藝弟子及晚輩傳人，東北地區及其他地區授藝弟子大部分未列入譜內。如本門在外傳人有來訪者，經考證，可排列入譜內。

二、本宗譜未按授藝先後排列。

三、本宗譜史料均由本門老前輩提供。

李漢章長孫李拓原譜寫於西元 2010 年 12 月

後 記

　　李漢章老先生習武、教拳勤奮一生，無二業，是名副其實的職業武術家。他老人家習武以達到癡迷，早練拳、晚練手（散手），拳不離手，曲不離口，行住坐臥都是這個，教授弟子因材施教，練打結合。生活就是練拳，教拳，研究拳術。

　　由於歷史原因有很多有價值的寶貴資料已被損毀及丟失，實為可惜。特別是有一本小摺子，經常隨身攜帶，是他一生習武投師訪友的記錄，其中還記有散打秘技，是研究近代形意拳十分珍貴的材料。若此資料在某愛好者人士手裡保存或收藏，我們誠懇的希望得到者，提供給李家後人，作為研究李漢章先生武學的佐證。

　　這次出版的書中內容，因時間蒼促，李漢章先生傳授的形意拳三十二小形，峨嵋刺、形意棒、盤身槍、游身金鋼柔球等練法沒有整理出來，請讀者見諒。

　　五龍盤身，形意、八卦盤身刀連環轉九宮練法，是經過李家幾代人的傳承及研究成就了一套獨有的武術套路，是集百家之長於一身，為李家所獨創。目前國內外專著中前所未有，應挖掘、研究、整理，流傳於世。為防止剽竊、篡改等侵權行為，特此聲明。

　　由於整理經驗不足，加之水準有限，書中錯誤和缺點
在所難免，以求同道給予批評指正。

　　希望這本書的出版，為傳承中華武術文化，為人類健
康做出貢獻。

邵義勝

國家圖書館出版品預行編目資料

李漢章拳術與盤身練法／李拓原　著　邵義勝　整理
——初版——臺北市，大展，2015[民104.09]
面；21公分——（形意大成拳系列；4）
ISBN 978-986-346-080-0　（平裝）

1. 太極拳　2. 中國

528.972　　　　　　　　　　　　　　104012254

李漢章拳術與盤身練法

著　　者／李拓原
整　　理／邵義勝
責任編輯／楊丙德
發 行 人／蔡森明
出 版 者／大展出版社有限公司
社　　址／台北市北投區（石牌）致遠一路2段12巷1號
電　　話／(02) 28236031・28236033・28233123
傳　　真／(02) 28272069
郵政劃撥／01669551
網　　址／www.dah-jaan.com.tw
E-mail／service@dah-jaan.com.tw
登 記 證／局版臺業字第2171號
承 印 者／傳興印刷有限公司
裝　　訂／承安裝訂有限公司
排 版 者／千兵企業有限公司
授 權 者／山西科學技術出版社
初版1刷／2015年（民104年）9月

定　價／300元

大展好書 好書大展
品嘗好書 冠群可期